Moriz Haupt

Französische Volkslieder

Moriz Haupt

Französische Volkslieder

ISBN/EAN: 9783743362000

Hergestellt in Europa, USA, Kanada, Australien, Japan

Cover: Foto ©Thomas Meinert / pixelio.de

Manufactured and distributed by brebook publishing software (www.brebook.com)

Moriz Haupt

Französische Volkslieder

Ranzösische V[...]

Zusammen gest[...]

von

MORIZ HAU[...]

und

AUS SEINEM NACHLASS HE[R...]

LEIPZIG
VERLAG VON S. HIRZEL

1877.

Wenn dieser kleinen Lese alter und neuer volksthümlicher Lieder aus Frankreich nunmehr viele sich freuen werden, wie wohl zu hoffen ist, so wird sich damit nur neuerdings und in weiterem Umfange an ihr bewähren, was sich seit langen Jahren im engern Kreise der Freunde des Sammlers erwiesen hat. Und wie froh war er selbst des Schatzes, den er in Jahrzehnte langem Suchen, zu Zeiten, da es vielfach schwerer war als heute zu reisen oder sich die Hilfsmittel der Ferne sonst dienstbar zu machen, zusammen gebracht hatte! Öfter nach längeren Zwischenräumen wandte er sich anhaltender Arbeit an demselben zu, freilich ohne sie so zum Abschlusse zu bringen, wie er es von sich verlangte, und liess sie wieder liegen, da er sich nicht zu entschliessen vermochte, das worin er seinen Beruf erkannte, so lange zu versäumen als ihm erforderlich schien. Jederzeit aber waren ihm seine französischen Volkslieder die Freude freier Stunden, und wer ihm je näher stand, der weiss aus unvergesslicher Erfahrung, wie er, wem er eine rechte Güte anthun wollte, gern den oder jenen seiner besondern Lieblinge vorlas und einen Blick in die Fülle naiver Schönheit verstattete, die in volksthümlicher Dichtung quillt. Jetzt da das Auge erloschen ist, das sich dann wohl mit zuversichtlicher Frage leuchtend auf den Hörer richtete, bleibt kaum irgend welche Aussicht, dass das grosse Werk in nächster Zeit werde gethan werden, das Moriz Haupt sich zur Aufgabe gemacht hatte, und so gethan, wie es heute geschehen müsste, wenn es in seinem Sinne vollendet werden sollte; erschwert ist es schon dadurch, dass die Bücher, darunter seltene Drucke, welche einen Theil des Stoffes gaben, nicht mehr beisammen, auch einige Auszüge und Notizen bei einem Unfalle verloren gegangen sind. Das saubere Manuscript eines ersten Bandes, von Haupts zierlicher Hand, mit Angabe des Verlegers, der sich ja von selbst verstand, und bis auf die letzte Ziffer auch des Druckjahres „186—", fand sich aber vor, und wenigstens soviel zu veröffentlichen schien angemessen. Doch nicht als ein gelehrtes Buch, nicht mit Angabe von Varianten oder gar von Abweichungen der Schreibweise, noch mit Untersuchungen über Alter, Herkunft der einzelnen Stücke oder ihre Verwandtschaft mit anderwärtigen Liedern; sondern bloss als eine Erinnerungsgabe für Freunde volksthümlicher Dichtung, als eine Probe von dem, was in der grossen Sammlung würde zu finden gewesen sein aus Aufzeichnungen kundiger Zeitgenossen und aus den verschollenen Liederbüchern des sechszehnten und des siebenzehnten Jahrhunderts. Für Weiteres würden die hinterlassenen Papiere nur in einzelnen Fällen ausgereicht haben; dass Untersuchungen der angegebenen Art auch nur begonnen gewesen seien, war aus denselben nicht zu erkennen. Dagegen kann von jedem Liede mit Sicherheit nachgewiesen werden, woher es

Moriz Haupt gekannt, aus welchen Drucken er seinen Text gebildet hat; so konnte auch mit Hilfe der noch vorhandenen Abschriften, die er eigenhändig von alten Drucken genommen hat, oder leichter zugänglicher Bücher an einigen Stellen Rath geschafft werden, wo etwa im Manuscripte für ein Wort oder ein paar Buchstaben der Raum leer gelassen war. Weggeblieben von dem, was nach Haupts Absicht im ersten Bande stehen sollte, sind die im engern Sinne altfranzösischen Stücke, die ihm nur aus unzulänglichen Drucken bekannt, aus den Handschriften anderwärts seither besser herausgegeben sind und hätten vermehrt werden müssen, und die normandischen Lieder, die aus der Dubois'schen Ausgabe des O. Bachelin stammten und besser mit ihresgleichen zusammen bleiben. Dem Texte folgt ein alphabetisches Verzeichniss der Liederanfänge mit Angabe der Fundorte für jedes Stück; die Mittheilung der ausführlichen Titel schien nur für die alten Drucke erforderlich.

Moriz Haupts Art war es nicht, gross zu sprechen von dem was er thun werde; aber wer, der ihn von seinen Volksliedern hat reden hören, wird dies Büchelchen in die Hand nehmen ohne wehmüthiges Erstaunen über den geringen Umfang dessen was es bietet, und die Bescheidenheit, mit der es vor die Welt zu treten genöthigt ist? Der grosse Gelehrte hat hier eine der bedeutendsten von den Arbeiten unternommen, die ihn je beschäftigt haben; er hat es an keiner Mühe fehlen lassen, die ihn über die äussern Schwierigkeiten hinwegheben konnte, und seine besondere Begabung fand hier ein Feld, auf dem sie sich vorzugsweise bewähren konnte; aber er hat leider die Zeit vorübergehen lassen, in der seine Leistung bahnbrechend hätte sein können, und nachdem im Laufe der Jahre die Aufgabe schwerer und schwerer geworden, ein guter Theil des besonders Lohnenden ihm vorweg genommen war, sank in plötzlichem Tode die Hand, die wenigstens das bereits zu Stande Gebrachte am bessten zu einem ansprechenden Ganzen gestaltet haben würde. Sein Verleger hat ihn nicht lange überlebt; des langjährigen theuren Freundes kleine Schriften gesammelt der gelehrten Welt vorzulegen ist ihm noch vergönnt gewesen; von diesem Büchelchen, dem man die liebevolle Sorgfalt Hirzels wohl anspürt, hat er noch die letzten Bogen gesehn.

Berlin, April 1877.

A. Tobler.

A cheval, à cheval pour aller voir ma mie,
lon lon la,
landerira landerirette,
landerira,
lanla.

Ma belle n'y était pas: la voilà qui arrive.

'Je me marie lundi, je vous prie de mes noces.'

La bell' fut chez l'tailleux, se fit tailler trois robes,

L'une de satin blanc, l'autre de satin rose,

Et l'autre de drap d'or, la couleur la plus noble.

L'amant qui la salue la fait entrer en danse.

Au quatrième tour la belle est tombée morte.

Elle est tombée à droite et l'amant à la gauche.

Et les gens de la noce dirent 'quell' triste noce.'

Sur la tomb' du garçon on y mit une épine.

Sur la tomb' de la belle on y mit une olive.

L'épine crut si haut qu'elle embrassa l'olive.

On en tira du bois pour bâtir des églises.

—

Adieu soulas, tout plaisir et liesse.
mon pauvre cueur si vit en grant tristesse
pour les regretz que j'ay de mon amy.
helas, il m'a failly.

Que dictes-vous? n'est ce pas grant dommaige
d'avoir perdu ung si beau personnaige?
par dessus tous je l'avoye choisy
pour estre mon amy.

Je vous cuydois des amans le plus saige;
mais je congnois vostre lasche couraige.
pourtant allez, reculez vous d'icy,
querez aultre party.

Je m'en iray lassus au verd bocaige:
là je feray fonder ung hermitaige,
où je vivray en douleur et soulcy,
et tout pour mon amy.

A la claire fontaine
les mains me suis lavé.
la hi tra la la la.

A la feuille du chêne
me les suis essuyées.

Sur la plus haute branche
le rossignol chantait.

Chante, beau rossignol,
toi qui as le cœur gai.

Le mien n'est pas de même,
mon amant m'a laissée.

Pour un bouton de rose
que je lui ai refusé.

Je voudrais que la rose
fût encore au rosier,

Et que le rosier même
fût encore à planter,

Et que le planteur même
ne fût pas encor né,

Et que mon ami Pierre
fût encore à m'aimer.

Allons, allons gay, m'amye, ma mignonne,
allons, allons gay, gayement vous et moy.

Mon père a faict faire ung chasteau ;
il n'est pas grant, mais il est beau.
et allons, allons gay, gayement, ma mignonne.

Il n'est pas grant, mais il est beau,
d'or et d'argent sont les carneaulx.
et allons *etc.*

Et si a troys beaulx chevaulx,

Le roy n'en a point de si beaulx.

L'ung est gris, l'aultre est moreau,

Mais le petit est le plus beau.

Ce sera pour porter jouer,

Pour ma mignonne et pour moy.

J'irons jouer sur le muguet,

Et y ferons ung chappellet

Pour ma mignonne et pour moy.
et allons *etc.*

'Allons, partons, belle,
partons pour la guerre,
partons, il est temps.'

"Brave capitaine,
que ça ne te fasse pas de peine :
ma fille n'est pas pour toi.

Tu ne l'auras sur terre,
tu ne l'auras sur mer,
si ce n'est par trahison."

Le père prend sa fille,
qui la déshabille
et la jette à l'eau.

Capitaine, plus sage,
se jette à la nage,
la ramène à bord.

'Allons, partons, belle,
partons pour la guerre,
partons, il est temps.'

A la première ville
son amant l'habille
tout en satin blanc.

A la seconde ville
son amant l'habille
en or, en argent.

Elle était si belle
qu'on lui tendait les voiles
dans tout le régiment.

Amours, amours,
tant tu m'y faictz de mal,
la nuict et le jour,
sans prendre nul esbat.
las, depuis quinze jours
j'ay faict cent mille tours
pour trouver le moyen,
et si ne puis tenir
m'amye à mon plaisir
une heure seulement.

Quand je la voy
par devant moy passer
si doucement,
je la laisse embrasser,
en luy disant 'amye,
j'ay au cœur grand soucy
de vous loyaument aymer:
mais, belle, vostre amour
me blesse nuict et jour:
mais m'y fault endurer.'

Elle a son père
qui la tient si de court
qu'elle n'ose faire
un tour emmy la court.

elle vient à moy parler,
on la vient appeller:
cela me desplaist bien.
m'amie, un jour viendra
que mon cœur jouira
de vous à son plaisir.

Helas, m'amye,
est il vray ce qu'on dict,
que pour un autre
m'avez mis en oubly?
je veux dire et maintien
que fille qui ayme bien,
en oyant ses amours,
on luy a beau blasmer,
se elle peult oublier
son amy par amour.

Rossignolet
qui chante au vert buisson,
va à m'amie
luy dire une chanson
si tresjoyeusement,
si amoureusement,
qu'elle entende raison.
m'amie, le jour viendra
que mon cœur jouira
de vous à son plaisir.

'A Nante, à Nante quand tu iras,
un corset noir m'apporteras:
qu'il soit doublé, qu'y ait des manches
de la façon que je demande.'

A Nante, à Nante il est allé,
à Nante, à Nante il n'a pensé
qu'à la bombance, à la debauche
au cabaret comme les autres.

Mais à Granville est arrivé,
à sa Rosette il a pensé.
on li a dit 'fais fair' des manches
de la façon qu'elle demande.'

"J'aime mieux la mer sans poissons
et les montagnes sans vallons
et le printemps sans violettes
que de mentir à ma Rosette."

A qui me doy je retirer
puis que mon amy m'a laissée?
jour et nuict ne fais que plorer
comme pauvre desconfortée;
puis bien maudire la journée
qu'oncques jamais l'aimay si fort.
je suis pauvre desconfortée,
je vous promctz qu'il a grand tort.

A tout le moins s'il eust parlé
ou dict adieu pour recompense,
ou bien que je l'eusse accollé,
ce m'eust esté grand allegeance.
le cueur me part quand bien y pense,
et suis preste à trespasser.
il m'a faict une grand oultrance,
s'il n'a desir de retourner.

Quand vient au soir à mon coucher,
au cœur m'y vient une pensée,
ne me puis tenir de plorer
quand je voy la chance tournée.
je voudrois n'avoir esté née,
puis que j'ay perdu mon amy,
ou que je fusse trespassée;
je croy qu'il en seroit marry.

Filles qui voulez faire amy,
las, regardez ma destinée,
ne le prenez pas si joly
qu'il vous laisse seule esgarée.
je luy avois m'amour donnée
en pensant avoir bien choisy,
mais il m'a laissée esgarée
pauvre fillette sans amy.

J'avois en luy tout mon cœur mis,
le voyant à ma fantasie,
car autrefois m'avoit promis
qu'il n'auroit jamais d'autre amie.
s'il est ainsi, dieu luy doint vie
et grace de tost revenir,
car moy qui suis sa doulce amie,
je n'attens l'heure de mourir.

Si fortune vouloit souffrir
un beau matin à la rosée
que je parlasse à mon amy
pour luy racompter ma pensée,
las, j'en serois fort allegée
et m'osteroit d'un grand soucy :
mais puis que si tost m'a laissée,
je croy qu'il m'a mise en oubly.

Amour, ennuitz me font mourir.
amy, puis qu'il fault que le die,
quand j'ay de toy le souvenir,
je suis en grand melencolie.

helas, amy, je te supplie
que tu ayes de moy mercy,
car si pitié n'as de t'amie,
le cœur auras trop endurcy.

Au bois de dueil je m'en iray
pour y passer resjouissance,
un ruisseau de larmes feray,
mettant joye en oubliance,
en ressemblant la turterelle
qui a le cœur triste et marry;
quand elle a perdu sa pareille,
sur branche seiche va mourir.

Le noir il me convient choisir
sur toute couleur pour livrée,
puis que j'ay perdu mon amy,
celuy qui m'avoit tant aymée.
de douleur suis quasi pasmée,
tant a navré mon pauvre cœur;
je quitte le bleu pour livrée
aussi toute belle couleur.

Adieu plaisir, adieu soulas,
adieu toute resjouissance.
plus ne puis avoir de soulas,
car j'ay perdu mon esperance.
en luy j'avois mon esperance
voyant la sienne honnesteté.
je ne luy fis jamais d'offence
pourquoy il me peust delaisser.

Rossignolet du bois joly,
qui chante au bois souz la ramée,
va t'en dire à mon bon amy
que par luy suis en grand pensée,
et qu'il m'enseigne la journée
et l'heure qu'il doit revenir,
car oncques nulle femme née
n'eut tant de mal pour son amy.

Qui a faicte ceste chanson?
ç'a esté une jeune fille,
en pensant à son bon amy,
dedans Lyon la bonne ville.
tousjours vit en melancolie
de doute qu'a de son amy
qu'il ne face nouvelle amye
en un autre estrange pay.

As-tu pas vu ma mie?
au bois, au bois, au bois,
au joli bois m'en vois.

'Je l'ai ouïe et parlée.'

Quel métier faisait-elle?

'Elle était couturière.'

Et en quoi cousait-elle?

'Elle cousait en soierie.'

De quoi qu'était l'aiguille?

'Elle était argentine.'

De quoi qu'était sa pointe?

'Elle était diamantine.'

Dans quoi la serrait-elle?

'Dans un coffret d'ivoire.'

Beau marinier qui marines,
vive l'amour!
apprends-moi à chanter,
vive le marinier!

'Entrez dans mon navire,
je vous l'apprenderai.'

Quand la bell' fut dans le navire,
ell' se prit à pleurer.

'Eh, qu'avez-vous, la belle,
qu'avez-vous à pleurer?'

"Hélas, j'entends mon pèr' qui m'appelle,
qui m'appell' pour souper."

'Eh, taisez-vous, la belle,
avec moi vous soup'rez.'

Quand la bell' fut pour se coucher,
son lacet s'est noué.

"Prêtez-moi votre dague,
mon lacet est noué."

Et quand elle eut la dague,
dans l'cœur se l'est plongée.

'Sans la maudite dague
je serais marié

A la plus jolie fille
de tout l'bourg de Guirlé.'

Ce fut la veille d'un dimanche,
Marguerite dedans sa chambre,
elle se jette à deux genoulx,
disant 'j'ay perdu mes amours.'

Marguerite est au lict malade,
et sa chambriere la garde,
dans son baing la reforçant
et en beuvant de ce vin blanc.

Marguerite est dedans sa chambre,
et son mary luy demande
'ma doulce amye par amours,
où avez vous esté tousjours?'

"J'ay esté veoir ma cousine;
nous n'avons beu qu'une chopine
et si en avons beu d'autant
de ce vin blanc qui est friant.

Je vois boire à vous, ma cousine,
en vous priant de ma voisine,
et aussi fais je à Marion,
car le vin blanc luy semble bon.

Mais ce fut par ma seur Loyse
que me vint querir à l'eglise,
et je n'y voulois pas aller,
car j'avois peur de m'enyvrer.

Si vous allez à la taverne,
mandez moy par la chambriere,
et soit le plus secretement,
de peur du parlement des gens.

Si voulons faire bonne chere,
envoyez chez la paticiere,
apportez pastez de chapons,
cela nous semblera fort bon."

Il a mis son argent en bagues,
en tabourins et en bombardes
et en devanteaux de damas:
c'est pour porter plus grand estat.

Celle qui feit la chansonnette,
ce fut une jeune fillette,
s'estuvant tous les quinze jours
avec son amy par amours.

Ce joly moys de may
me donne grand esmay,
(ne vous vueille desplaire),
car ung denier je n'ay
pour avoir le cueur gay
et aux dames complaire.

Au verd boys m'en iray
pour veoir si trouveray
ma dame debonnaire,
à qui demanderay
jouyssance et verray
s'el' me sera contraire.

O joly moys de may,
si de toy secours ay,
que je croy debonnaire,
de m'amye au corps gay
je pourray faire essay
tel qu'il luy pourra plaire.

Celles qui vont au bois, c'est la fille et la mère;
l'une s'en va chantant, l'autre se désespère:
'qu'avez-vous à pleurer, Marguerite, ma chère?'

'J'ai un' grande ire au cœur, qui me fait pâle et triste;
je suis fille sur jour et la nuit blanche biche,
la chasse est après moi par haziers et par friches.

Et de tous les chasseurs le pir', ma mèr', ma mie,
c'est mon frère Lyon: vite, allez, qu'on lui die
qu'il arrête ses chiens jusqu'à demain ressie.'

'Arrête-les, Lyon, arrête, je t'en prie.'
trois fois les a cornés sans que pas un l'ait ouie;
la quatrième fois, la blanche biche est prise.

'Mandons le dépouilleur, qu'il dépouille la bête.'
le dépouilleur a dit 'y a chose méfaite:
elle a sein d'une fille et blonds cheveux sur tête.'

Quand ce fut pour souper, — 'que tout l'mond' vienne vite,
et surtout' dit Lyon 'faut ma sœur Marguerite;
quand je la vois venir, ma vue est réjouite.'

'Vous n'avez qu'à manger, tueur de pauvres filles;
ma tête est dans le plat et mon cœur aux chevilles,
le reste de mon corps devant les landiers grille.'

Le bras du dépouilleur est rouge jusqu'à l'aisère.
'dans le sang que ma mère avait mis dans nos veines,
j'ai laissé boir' mes chiens comme à l'eau des fontaines.

Pour un malheur si fier je ferai pénitence,
serai pendant sept ans sans mettr' chemise blanche,
et j'aurai sous l'épin', pour toit, rien qu'une branche.'

Ce sont les filles de Saint-Servan,
tan ter lan tan ter lan tan,
hélas, qu'elles sont jolies,
o gué,
hélas, qu'elles sont jolies!

Elles ont regardé vers le camp,
aperçurent un navire.

Arrivent, arrivent au batelier,
que le bon vent amène.

'As-tu point vu mon ami
aux îles de Canarie?'

"Oui, je l'ai vu, et il m'a dit
que vous étiez sa mie."

'Oui, je la suis et la serai
tout le temps de ma vie.'

Ce sont les trois Maries,
au matin sont levées,
s'en vont au monument
pour Jesus-Christ chercher.
Marie Marthe,
Marie Madelaine, et Marie Salomé.

Ne l'ayant point trouvé,
se sont mises à pleurer.

'Ah, qu'avez-vous, Marie,
qu'avez-vous à pleurer?'

"Nous cherchons Jesus-Christ
sans pouvoir le trouver."

'Allez-vous-en là-haut
au jardin Olivier.

Là vous y trouverez
un homme jardinier.'

Y étant arrivées,
se mit à leur parler.

'J'ai planté une vigne,
je la veux labourer,

Et de mon propre sang
je la veux arroser.'

Alors les trois Maries
se mirent toutes à pleurer.

Puis ont baisé les pieds
du Christ jardinier.

C'est dedans Paris
où a un jeune homme,
il y a un an
qu'il perdit sa femme.
ses amis en sont
fachez contre luy
d'avoir laissé perdre
sa femme à credit.

Quand l'an fut passé,
il l'a retrouvée
chez un sien voisin
qui l'avoit serrée.
il en avoit fait
tout à son plaisir:
pour sa recompense
Jan but avec luy.

'He, voisin, voisin,
rendez moi ma femme,
que nous n'ayons point
de proces ensemble.
il y a un an
que vous la gardez:
rendez moy ma femme,
si fait en avez.'

"He, voisin, voisin,
et repren ta femme,
mais garde toy bien
de luy donner blasme,
ou je te feray
payer les despens
qu'elle a fait chez moy
tout depuis un an."

'He, voisin, voisin,
je te donrois blasme.
tu as trop long temps
retenu ma femme.
s'elle t'a servy
de jour et de nuict,
au moins ne peux tu
que de la nourrir.'

Ces deux hommes icy
ont pris fascherie,
se sont fait venir
devant la justice.

"monsieur, il me blasme,
m'appellant meschant,
d'avoir nourry sa femme
tout depuis un an."

'Monsieur, escoutez,
c'est un mauvais homme.
il y a un an
qu'il fait ma besongne.
ma femme l'a servy
de jour et de nuict:
au moins ne peut il
que de la nourrir.'

"Escoutez, monsieur,
je requiers sentence.
voyez qu'il confesse
en vostre presence.
j'ay fait sa besongne
tout depuis un an;
la besongne est faite,
je veux de l'argent."

— Si voulez ouyr
donner la sentence,
vien ça, mon amy,
va, reprent ta femme.
si elle a pris peine
de le bien servir,
l'homme a pris grand peine
de la bien nourrir. —

'Retournons nous en
doucement, ma femme,
ne faisons nul bruit,
c'est honte et diffame.
toutes vos offenses
vous sont pardonnez,
jamais en ma vie
je n'en parleray.'

Quand ils furent entrez
tous deux en la chambre,
la femme empoigna
un baston de tremble,
elle frappa tant
dessus son mary
qu'il luy dit 'ma femme,
je vous crie mercy.

Je vous prie, ayez
pitié du pauvre homme.
si j'ay offencé,
j'iray jusqu'à Rome.
ne me frappez plus
dessus les costez.'
il sort en la rue
et gaigna aux pieds.

Deux bons compagnons
en beuvant choppine,
Jan vint droit à eux
conter sa fortune.

'ma femme m'a mis
hors de ma maison,
ell' m'en a chassé
à coups de baston.'

Au bout de deux jours
la chanson fut faite,
auprès d'un bon feu,
dans une salette,
priant pour les femmes
qui ont le renom
de chasser leur mary
à coups de baston.

C'est la belle patissière
du bout du pont Saint Michel,
elle s'en va en pelerinage,
son mary est trepassé.
bon bon bon, je le vay dire,
gay gay gay, je le diray.

Elle s'en va en pelerinage,
son mary est trepassé.
en son chemin elle rencontre
son compère le boulanger.
bon bon bon *etc.*

'Où allez vous, ma commère,
où allez vous promener?'

"Je m'en vay en pelerinage,
mon mary est trepassé."

'Vous avez menty, commère;
vous allez aux cordeliers.'

"Qu'on luy apporte une chaire,
car je croy qu'il veut precher.

Qu'on luy apporte une chaire,
car je croy qu'il veut precher,
un oreiller sous sa teste,
car je croy qu'il veut rever."
bon bon bon *etc.*

C'est sur le pont de Nantes
(vogue, beau marinier, vogue),
m'y allant promener
(vogue, beau marinier),

En mon chemin rencontre
une fille éplorée.

'Ah, qu'avez-vous, la belle,
qu'avez-vous à pleurer?'

"Je pleure mon anneau d'or,
à la mer qu'est tombé."

Le galant se dépouille,
à la mer s'est jeté.

Au premier coup qu'il plonge,
du sable a rapporté.

Au second coup qu'il plonge,
l'anneau d'or a touché.

Au troisième coup qu'il plonge,
le galant s'est noyé.

La bell' qu'est en fenêtre,
ell' se mit à pleurer.

"Faut-il pour une fille
que tu te sois noyé?

Prêtez-moi votre dague
pour couper mon lacet."

Et quand elle eut la dague,
au cœur s'en est donné.

———

C'est sur le pont de Nantes
(emmenons, gué, gué, la bergère),
les Anglais vont jouer
(emmenons la bergère au pré).

Ils ont trouvé qui prendre,
un homme prisonnier.

'Si nous avions ta fille,
Nous te lairions aller.'

"Ma fille est à l'église,
faut aller la trouver."

'Bell', votre pèr' vous mande,
faut aller le trouver.'

Quand la bell' fut au châtel,
les portes se sont fermées.

Quand ell' fut dans la chambre,
ell' se mit à pleurer.

Et le grand capitaine
la requit de l'aimer.

'Attendez' ce dit-elle
'ce soir après souper.'

Et quand ell' fut seulette,
ell' se mit à prier.

Ell' pria dieu, la vierge,
et l'archange Michel.

Et quand le capitaine
revint pour la trouver,

Il l'appela trois fois,
sans pouvoir l'éveiller.

Il lui fit dir' trois messes
et la fit enterrer.

Puis quitta le métier,
pour se fair' tonsurer.

Comme j'étais petite,
petite à la maison,
on m'envoyait aux landes,
pour cueillir du cresson.
verduron verduronette verduron don don.

La fontaine était creuse,
je suis tombée au fond.

Quand par ici il passe
trois braves compagnons.

'Que faites-vous là, la belle?
pêchez-vous du poisson?'

"Hélas, non" ce dit-elle,
"je suis tombée au fond."

'Que donrez-vous, la belle?
nous vous retirerons.'

"Retirez-moi toujours,
après ça nous verrons."

Quand ell' fut retirée,
chanta une chanson.

'Ce n'est pas ça, la belle,
que nous vous demandons.

C'est votre cœur en gage;
par ma foi, nous l'aurons.'

Leur fit la révérence,
leur tourna les talons.

Dans la prison d'Avranches
un prisonnier y a.

Personn' ne le va voir,
hors la fill' du geôlier,

Quand ell' lui porte à boire,
à boire et à manger,

Et des chemises blanches,
tant qu'il en veut changer.

'Ah, dites-moi, la belle,
ce que l'on dit de moi.'

"Les nouvell's sont en ville
que demain vous mourrez."

'Bell', pour que je ne meure,
ah, quittez-moi les clefs.'

La fille était jeunette,
les clefs lui a quitté.

Quand il fut sur la grève,
il se mit à chanter.

'Que bénies soient les filles,
les fill's à marier,

Surtout celles d'Avranches,
la fille du geôlier.'

'De bien aymer je te jure
que nully point ne m'y passe.
quant m'y souvient de ta grace,
de te veoir le temps m'y dure.

Si fortune m'est contraire
et sur moy fort envieuse,
elle m'est si fort facheuse
qu'à mon gré je n'en puis faire.

J'ayme mieulx estre bergiere,
gardant brebis en patience,
que ribaulde mariée,
en dangier de ma conscience.'

Rossignolet, gorge dorée,
je te prie, fays moy ung messaige
et t'en va dire à ma mye
que son amour fort m'agrée.

———

De Paris à la Rochelle
(plantons le moy,
plantons le moy, Madelaine,
plantons le moy,
vous et moy)

Il y a trois demoiselles,
Qui se coiffent à la chandelle.
'O ma sœur, que vous êtes belle!'
"A quoi ma beauté m'y sert-elle?
Je n'en suis pas plus tôt mariée."
'Dedans un an vous le serez.'
"Dedans un an je serai morte.
Si je meurs, que l'on m'enterre.
Que ce ne soit en roc ni terre,
Mais dedans un coffret de roses.
Sur ma tombe que l'on y plante
Un rosier de roses blanches.
Les écoliers qui vont aux ordres,
Y cueilleront chacun une rose
Et prieront dieu pour la belle,
Pour la belle, morte d'amourette."

Depuis trois jours d'icy
j'ay fait maistresse,
de quoy mon pauvre cœur
vit en tristesse.

Ses amis sont fascheux,
pleins de rudesse,
sont cause que je meurs
en grand detresse.

Un dimanche au matin
ils m'ont fait prendre
par son propre cousin,
m'a fallu rendre.

M'ont prins et m'ont mené
dans une chambre
et m'ont enquesonné
de mon attente.

Je leur dis le subjet
de mon amie,
c'est que la veux aymer
toute ma vie.

Ils me dirent 'amy,
quittez la fille,
car elle a d'autres amis
en ceste ville.'

Qui sont ces envieux
qui ont envie?
ils ont envie sur moy
et sur m'amie.

Je l'ayme et l'aymeray
tant que je vive,
son serviteur seray
toute ma vie.

Si la pouvois tenir
en ce bocage,
luy dirois sans mentir
le grand naufrage.

Si la pouvois tenir
en ma chambrette,
un baiser je prendrois
sur sa bouchette.

Sa bouche de coral,
son sein d'albastre
sont cause de mon mal,
de mon desastre.

Ceux qui sont outrageux
à mon desire,
sont cause que je meurs
en grand martyre.

Rendre je m'en iray
dans ce bocage,
où hermite seray
dans l'hermitage.

Qui a fait la chanson
gaye et jolye?
ce fut un bon garçon
d'imprimerie.

Derrière chez mon père,
il est un bois taillis
(serai-je nonnette, oui ou non?
serai-je nonnette? je crois que non).

Le rossignol y chante
et le jour et la nuit.

Il chante pour les filles
qui n'ont pas d'ami.

Il ne chante pas pour moi,
j'en ai un, dieu merci.

'J'en avais un aussi,
mais les Englois m'l'ont pris.

Je donnerais ma terre
à qui m'l'irait querir,

Mes cousins et mon frère,
ma mère, mon père aussi.

Quand j'y pense le soir,
je ne puis m'endormir.'

Derrière chez mon père,
Il y a un petit étang.
Trois canards s'y vont mirant.
Le fils du roi y vint passant
Et tira sur celui de devant.
'O fils du roi, tu es méchant,
Tu as tué mon canard blanc.
J'ai vu la plume voler au vent
Et par le bec l'or et l'argent.'

Derrièr' chez mon père
(vole, mon cœur, vole!),
derrièr' chez mon père,
y a un pommier doux,
tout doux,
et iou!
y a un pommier doux.

Trois belles princesses
sont couchées dessous.

Ç'a dit la première
'je crois qu'il fait jour.'

Ç'a dit la seconde
'j'entends le tambour.'

Ç'a dit la troisième
'c'est mon ami doux.

Il va à la guerre,
combattre pour nous.

S'il gagne bataille,
il aura mes amours.

Qu'il perde ou qu'il gagne,
il les aura toujours.'

———

Dieu vous gard, ma mignonne,
celle que veux aymer;
permettez, je vous prie,
ma mie, ma mie,
que vous puisse baiser.

Puis que tu es si belle,
et moy si plein d'amours,
ne me sois point rebelle,
cruelle, cruelle,
et me donne secours.

Tu fais de l'incogneue
à ton fidelle amant:
mais cependant ta veue
me tue, me tue,
comme le feu ardant.

Une dame doit estre
fidelle à son amant
et luy faire aparoistre
luy estre, luy estre
fidelle en bien aimant.

Voudrois-tu bien, mauvaise,
me tenir en langueur,
sans d'esteindre la braise,
la braise, la braise
qui me brusle le cœur?

Non, non, laissez-moy faire :
je ne veux pas mourir,
mais je veux pour salaire
vous faire, vous faire,
ce qui vous peult querir.

Je ne veux autre chose
que baiser ces deux yeux,
mais le sein où repose
la chose, la chose
que mon cœur ayme mieux.

Puis que l'amour volage
m'a si bien arresté,
son penible servage,
servage sans gage,
detient ma liberté.

Je mourray en peu d'heure :
helas, vous avez tort !
mais je vous veux bien dire,
et dire sans rire,
auparavant ma mort,

Que dedans ce boccage
où je me veux regir,
dedans un hermitage,
volage, sans gage,
amour y veut mourir.

Quand sonnera la cloche
la nuict, pour dieu prier,
belle, qu'il te souvienne
et vienne, et vienne,
de ton fidelle aymer.

Qui fit la chansonnette?
c'est un bon compagnon,
qui aymoit bien la fille,
la fille, la fille
ne sçavoit pas son nom.

Enfans, enfans de Lyon,
vous n'estes pas à vostre aise,
vous avez beaucoup de maulx,
il est temps de vous retraire,
il est temps de vous retraire
et prendre la mort en gré.
le jardin qui est sur Saone,
jamais plus ne t'y verray.

Regardis par derriere moy,
je veis trahison bien faicte,
c'est de trois sergens de roy,
qui menoient joyeuse feste,
qui menoient joyeuse feste;
ilz ont mis la main sur moy,
le jardin *etc.*

Ilz m'ont prins et m'ont mené
dedans la maison commune
et si m'ont bien enferré,
sans avoir faict chose nulle,
sans avoir faict chose nulle.
ilz ont mis la main sur moy,
le jardin *etc.*

Si j'avois de blancs linceulx
et ung peu de couverture
pour mettre dessoubz mon dos,
car la terre est trop dure!
ce seroit contre nature,
si tant de bien m'advenoit.
le jardin *etc.*

Si j'avois du papier blanc
et de l'ancre pour escripre,
j'escriprois une chanson
aux dames de ceste ville,
qui prieroyent dieu pour moy.
les belles filles de ville,
jamais plus ne vous verray.

Escoutez, je vous prie,
d'un compagnon gallois
qui veut faire s'amie
la femme d'un bourgeois,
qui pense jouyr d'elle
pour luy faire la cour:
mais ell' luy bailla belle,
luy jouant un fin tour.

Le gallant sans faintise
luy dit par mots exprez
'je te supplie, avise
à cest heureux succez.
deux ans sont sans frivolle
que je vous fais la cour,
et si jamais parolle
n'ay sceu avoir de vous.'

La dame assez dressée
luy a dit "amy doux,
venez à la vesprée,
faites le loup garoux."
'je n'y faudray à estre
ce soir par devers vous
et si viendray paroistre
comme un vray loup garoux.'

Elle, bien advisée,
le dist à son mary.
'seroit belle risée,
si le pouvions tenir.
laissez le venir, dame,
jusques aupres de vous,
faites lors un vacarme,
criez au loup garoux.'

Le gallant n'i faut mye
le soir, pour faire court,
accoustré en la guise,
faisant du loup garoux,
disant 'ma mieux aymée,
suis je à vostre goust?'
ell' fit de l'effrayée,
criant au loup garoux.

Son mary si devalle,
à son poin un baston,
les voisins appelle
trestous à l'environ.
à grands coups de houssine,
las, ils renvoyent trestous,
faisant faire la mine
au pauvre loup garoux.

'Las, mercy je vous crie,
ayez de moy pitié!
et si à tous j'avise,
ceux qui voudront aimer,

n'y prendre pas envie,
voyant comm' suis secous.
en fin, c'est la folie
du pauvre loup garoux.'

Escoutez, je vous prie,
la chanson de Robin,
qui aime bien à boire
tousjours de ce bon vin.

En son chemin rencontre
une fille de pris,
qui a dict à sa mere
'ma mere, je veux Robin.'

Robin s'en va à Tours,
achepter du velours
et aussi du satin.
'ma mere, je veux Robin.'

Robin va à Orleans,
achepter du vin blanc,
c'est pour boire au matin. *etc.*

Robin va en Provence,
achepter des oranges,
c'est pour mettre en son vin. *etc.*

Robin a des chasteaux,
faicts par monts et par vaux,
qui sont dorez d'or fin. *etc.*

Robin s'en va à Meaux,
achepter des pourceaux,
pour faire du boudin. *etc.*

Robin s'en va à vespres,
chantant comme les prestres,
et ne sçait nul latin. *etc.*

Robin a une poulle
qui ne pond ny ne couve
et si a des poussins. *etc.*

Robin est bon soldard,
il aime bien le lard
et aussi les poussins. *etc.*

Robin te trompera.
'ma mere, non 'fera,
car il a bon engin. *etc.*

Il n'est pas si badin
qu'il ne plante des choux
au milieu du jardin. *etc.*'

Robin est en prison.
il demande raison,
mais elle est au moulin. *etc.*

Robin est bien malade,
luy faut une salade
et quatre pots de vin.

Robin est trespassé,
il le faut enterrer
dedans un muyd de vin.
'ma mere, voilà Robin.'

Femmes, battez voz marys
qui sont pleins de jalousie,
mais ne battez pas le mien,
par amour je vous en prie.
et au chant derelo.

Mais ne battez pas le mien,
par amour je vous en prie,
car mon doulx amy m'y fait
ce qu'ung aultre ne fait mie.
et *etc*.

Il se leve entour minuict
pour bercer l'enfant qui crie.

Il se leve au point du jour
pour m'y chauffer ma chemise,

Et me la porte en disant
'levez vous, ma doulce amie.'

Helas, comment m'y leveroye?
j'ay la chaulde maladie.

'Et que vouldriez vous menger?
dictes le moy, ma doulce amie.

Voulez vous d'ung bon chapon
ou d'une allouette rostie?

Ou se voulez d'ung bon canart
qui soit fait à la dodine?'

Et je ne le sçaurois menger,
se je n'avois compaignie.

'Quel compaignie voulez vous?
dictes le moy, ma doulce amie.

Voulez vous messire Jehan?
ou si voulez a graverie?'

'Je ne veulx messire Jehan
et si ne veulx a raverie,

Mais je veulx ce petit clerc
qui sçait bien lire et escripre.'

Entre vous gentilz gallans,
qui cheminez par la ville,

Se rencontrez mon mary,
pour dieu, ne le battez mie.
et au chant querelo.

Gente fleur de noblesse
où mon cueur se ressort,
par vostre gentillesse
donnez moy reconfort.
vostre amour si me blesse
nuyct et jour si tresfort,
vous m'y tenez rudesse;
las, vous avez grant tort.

Vous estes belle et gente
pour gens de bien servir
et avez la science
de les entretenir.
d'une chose vous prie,
s'il vous vient à plaisir,
c'est que soyez m'amye,
et seray vostre amy.

'O chevalier, beau sire,
pour dieu, deportez vous.
en toute compaignie
vous me priez d'amours.
vous aymez sans partie,
sachez en verité;
se aultrement disoye,
vous seriez abusé.'

Je vous cuidoys tenir, belle,
pour ma dame par amours,
sans vous estre rebelle,
mais vous servir tousjours.
vous fussiez ma maistresse
et fusse vostre servant:
mais j'aperçoy, la belle,
que m'allez refusant.

Je m'en voys en la guerre
en estrange pays,
loing de mes amourettes,
pres de mes ennemys,
abandonner ma vie,
pour vivre ou pour mourir,
pour l'amour de vous, belle,
dont je ne puis jouyr.

'O chevalier, beau sire,
ne vous courroucez pas.
quant viendrez de la guerre,
repassez par deça;
manderay à mon pere
et à ma mere aussi,
et ce qu'ilz en diront,
je le tiendray à dit.' —

Je m'en voys à boucaige
là sus au boys ramé,
où feray penitence,
car il m'est enchargé.

plus n'aymeray ces filles,
elles m'ont abusé,
mais serviray Marie,
c'est la mieulx à mon gré.

Il fault que je vous dye
d'ung tresgentil galoys
qui cuydoit son amye,
la femme d'ung bourgoys.
mais elle fist la fée
en disant 'amis doulx,
venez à la besprée,
faisant le loup garoux.'

'Voulentiers' dist il, 'dame,
viendray devers le soir,
qu'homme n'aura ne femme
qui s'en puist parcevoir.
bien me sçauray retraire
coyement devers vous.'
elle dist 'venez donc faire
de nuyt le loup garoux.'

A son mary va dire
tout le fait et compter.
il dist 'c'est bien pour rire
s'on le peult attrapper.'

dist elle 'sans attendre,
affin qu'il soit escoux,
tantost vous feray prendre
ceans le loup garoux.'

Tantost sans demourée
le galant arriva
d'une pel affublée,
puis la dame hucha,
disant 'gorge polie,
suis je bien à vos goux?'
elle fist l'esbahie,
criant au loup garoux.

Le bourgoys fut habile
de frapper d'ung baston,
tant que ceux de la ville
vindrent à l'environ.
il eut mainte couppée,
car ilz frappoient tous,
en faisant leur risée
du povre loup garoux.

Puis dist 'mercy vous prye,
veuillez moy pardonner:
et aussi je supplye
ceulx qui vouldront aymer,
que de moy leur souviengne,
comment j'en suys rassoux,
chascun bien le retiengne
qu'il ne soit loup garoux.'

'J'ai un long voyage à faire,
je ne sais qui le fera.'
bel oiseau prend sa volée,
au château d'amour s'en va
(la violette double, double,
la violette doublera).

Trouvant les portes fermées,
par la fenêtre il entra.

Trouvant trois dames assises,
tout humble les salua.

'Bonjour l'une, bonjour l'autre,
bonjour la belle que voilà.

Votre amant m'envoie vous dire
que vous ne l'oubliiez pas.'

"J'en ai bien oublié d'autres,
j'oublierai bien celui-là.

S'il était venu lui-même,
Il n'eût pas perdu ses pas.

Tout amant qui craint sa peine,
sera toujours logé là."

'J'ai un long voyage à faire,
je ne sais qui le fera.
ce sera Gabriel ange'
(vive Jésus)
'qui pour moi fera cela'
(alléluya).

Gabriel prend sa volée,
droit à Nazareth s'en va.

Trouvant les portes fermées,
par la fenêtre il entra.

Trouvant la vierge en prière,
tout humble la salua.

'Je vous salue, vierge très-digne,
mère du grand dieu qui sera.'

Avé Maria pour la vierge,
pour les anges le Régina.

J'ay faict ung amy d'estrange pays:
il aura m'amour, il ne peult faillir,
il ne l'aura pas, car il l'a desjà;
tel la pense avoir, qui ne l'aura pas.
c'est grant trahyson de monstrer semblant
d'aymer par amours, car on y pert son temps.

Il s'en est allé, mon loyal amy,
il m'a emporté mes anneaux joly,
mes anneaux joly, ma verge d'argent
et mes amourettes, qui estoyent dedans.
c'est grant trahyson *etc.*

Il est revenu, mon loyal amy,
il m'a raporté mes anneaulx joly,
mes anneaulx joly, ma verge d'argent
et mes amourettes, qui estoyent dedans.
c'est grant trahyson *etc.*

Je m'en allay à Bagnolet,
où je trouvay un grand mulet,
qui plantoit des carrottes.
ma Magdelon, je t'aime tant
que quasi je radotte.

Je m'en allay un peu plus loing,
trouvay une botte de foing,
qui dansoit la gavotte.
ma Magdelon *etc.*

Je m'en allay en nostre jardin,
trouvay un chat incarnadin,
qui decrottoit ses bottes.
ma Magdelon *etc.*

Je m'en revins en nostre maison,
où je rencontray un oison,
qui portoit la calotte.
ma Magdelon *etc.*

Je m'en vois par le monde
à la pluye et au vent
(m'amour),
pour chercher ma mignonne
(helas),
celle que j'ayme tant.

Or l'ay je tant cherchee
qu'à la fin l'ay trouvé
(m'amour),
le long d'une vallee
(helas),
tout aupres d'un verd pré.

Je luy ay dict 'doucette,
où vas tu maintenant?'
(m'amour)
"m'en vois rendre nonnette
(helas)
en un petit couvent.

Puis que d'aultre que moy
vous estes amoureux
(m'amour),
qui faict qu'en grand esmoy
(helas)
mon cœur soit langoureux.

Helas, toute vestue
je seray de drap noir
(m'amour),
monstrant que despourveue
(helas)
je vis en desespoir.

Car ma perseverance
et ma grand loyauté
(m'amour)
n'ont de nostre alliance
(helas)
gardé la fermeté.

Et que soit par ma faulte,
chascun le congnoistra
(m'amour),
car quand je seray morte
(helas),
je sçay qu'on me plaindra.

Je sçay que maintes larmes
des yeux il tumbera
(m'amour)
de toute honneste dame
(helas)
qui de moy parlera;

Et qu'il n'y aura homme
ayant le cœur entier
(m'amour)

qui meschant ne vous nomme
(helas),
estant de moy meurdrier.

Las, je sens venir l'heure
et voy bien à present
(m'amour)
qu'il convient que je meure
(helas)
pour vous en ce tourment."

Je m'y levay par un matin,
je m'y levay par un matin,
trouvis ma femme morte;
jamais plus grand joye au cœur n'uz,
quand la vis en la sorte.
je ne fermeray jamais mon huys
ny fenestre ny porte,
ny metray plus d'eau en mon vin,
puis que ma femme est morte.

Dieu m'a en pitié regardé,
et mon bien est fort amandé,
puis que ma femme est morte;
je prie à dieu de paradis
que jamais n'en resorte.
je ne fermeray *etc.*

Nous manderons nostre fossier,
nous manderons nostre fossier,
qu'il luy face une fosse
et qu'il la face si avant
que jamais ne resorte.

Des ongnons me fault achepter
pour mieux mes yeux faire pleurer,
faisant bonne grimace,
et le deuil je feray porter
d'un bonnet d'esquarlate.

Un beau service luy ferons
et à nostre curé dirons
qu'il chante à pleine gorge,
et sur sa fosse danceray
de peur qu'elle ne resorte.

Du deuil de la femme que j'ay,
le couroux j'en avalleray
avec belle moustarde;
je chanteray gaudeamus
les deux pieds dessoubz la table.

En revenant du convóy
un mien voisin je rencontray,
'voisin, dieu te console!
plaisist à dieu de paradis
qu'ainsi fust de la nostre!'

Tous noz voisins m'y fault mander,
car c'est pour nous remarier.
que l'on m'en baille une autre;
qu'elle n'ait point le cueur si gros,
ainsi comme avoit l'autre.
je ne fermeray *etc.*

Je m'y levay par ung matinet,
que jour n'est mie,
je m'en allay tout droit chanter
à l'huys m'amie.
tout aussitost qu'elle m'a ouy chanter,
elle a pour moy son huys fermé.
qu'on luy demande, allez luy demander
s'elle a pour moy son huys fermé.

Hé, ouvrez moy vostre huys, ouvrez,
ma doulce amye,
car il fait froit et je suis nu
en ma chemise.
'si vous avez froit, si tremblez,
car point pour vous mon huys je n'ouvreray.'
qu'on luy demande *etc.*

'Or me dictes, mon bel amy,
fait il gelée?'
'nenny' dit il, 'en bonne foy,
il faict rosée.'
s'il eust faict froit comme il souloit,
à l'huys ma mye je fusse mort de froit.
qu'on luy demande *etc.*

Il y a bien à besongner
à faire amye.
tel cuyde estre le mieulx venu,
qui ne l'est mye ;
tel cuyde estre le mieulx aymé,
qui d'amours est desherité.
qu'on luy demande *etc*.

Je ne me puis tenir
par chose que l'on die,
d'aller et de venir
pour rencontrer m'amie.
je l'ay choisie
entre grans et menu,
j'ay fantasie
qu'elle m'a retenu.

En jour de mon vivant
d'aultre n'auray envie,
mais son loyal servant
seray toute ma vie.
dans l'abbaye
où mon cueur s'est rendu,
si je l'oublie,
je veulx estre tondu.

Le jour que ne la voy
ne suis pas à mon ayse;
je vous jure ma foy,
n'ay chose qui me plaise.
elle est courtoise,
son parler gracieulx,
point n'est facheuse,
dont je l'en aime mieulx.

Je n'eus jamais desir
d'avoir maistresse :
mon cœur pour son plaisir
a eu l'adresse.

Et tout à un instant
en a faict une,
qui m'a rendu constant
en ma fortune.

Un soir estant venu
parler à elle,
passa un incognu
qui me querelle.

Ayant l'espee au poing
fis resistance,
trois accourent de loing
à grand puissance.

Puis m'ont prins et jetté
en place obscure,
pleine de pauvreté,
aussi d'ordure.

Meschant et ennuyeux
par jalousie,
qui enviez mon mieux,
aussi ma vie,

Un jour puisse arriver
que la fortune
permette nous trouver
d'un clair de lune.

Si je sçavois voler
comme une mouche,
l'on me verroit aller
droit sur sa bouche.

Si muer me pouvois
en arondelle,
mon plaisir je prendrois
avec ma belle.

Sa bouche de corail,
son sein d'albastre,
sont cause de mon mal,
de mon desastre.

Je l'ayme et aymeray
toute ma vie,
son serviteur seray,
quoy qu'on en die.

Où fut faict la chanson?
en ceste ville,
par un bon compagnon,
et bien habille.

'Je ne veux pas de vos soldats,
je veux un capitaine.'

"Un capitaine tu n'auras pas,
tu n'es pas demoiselle."

'Si demoiselle je ne suis pas,
j'ai bien avec quoi l'être.

Un gentil corps advenant
fait bien des demoiselles.

Mon père faisait des sabots,
et ma mère des écuelles.

Un petit frère que j'ai
les porte à la Rochelle

Sur un petit cheval grison
qui va comme l'érondelle.

Vaut-il pas bien le capitaine,
et moi les demoiselles?'

Je ne vis pas, mais je languis,
belle, belle, pour vous,
si je n'ay de vostre gent corps
un baiser doux.

Souvent Pasques sont en avril,
soit à l'entrée ou à l'yssir,
que tous oyseaux y font leur nid,
tout par amour,
et puis s'en vont à leur pais
finir leurs jours.

Je ne vis pas *etc*.

Rossignolet du bois joly,
va t'en dire à mon doux amy
que je me recommande à luy,
tout par amour,
et que je vois à l'ombre d'un soucy
finir mes jours.

Je ne vis pas *etc*.

Je voys, je viens, mon cueur s'en volle,
je me tue et si ne sçay pourquoy.
vous est il point ainsi de moy?
'nenny, je ne suis pas si folle.'

Respondez moy quelque parolle,
retournez voz yeulx devers moy.
vous auray je point à l'essay?
'nenny, je ne suis pas si folle.'

Las, s'il venoit à vostre escolle
quelque gentil rustre escolier,
qui eust de l'ancre et du papier,
ne le voudriez vous point aymer?
'ouy ouy, pour luy mon cueur s'en volle.'

Rossignolet qui au boys volle,
qui fais amoureux resjouyr,
sçauroys je de m'amye jouyr?
'nenny, elle n'est pas si folle.'

La belle s'en va au moulin
dessus son asne Baudouin
pour gaigner sa mouture,
lanfrin, lanfra, la mirligaudichon,
la dondaine la dondon,
pour gaigner sa mouture
à l'ombre d'un buisson.

Quand le musnier la vit venir,
de rire ne se peut tenir,
"voicy la femme à l'asne."

'Musnier, me moudras tu mon grain?'
"ouy, madame, je le veux bien;
vous moudrez la premiere."

Tandis que le moulin mouloit,
le musnier la belle baisoit,
et le loup mangeoit l'asne.

'Helas' dit elle, 'beau musnier,
que maudit en soit le mestier!
le loup a mangé l'asne.'

"En ma bourse j'ay de l'argent;
prenez deux escus tout contant,
achetez un autre asne."

La belle s'en va au marché
pour là un autre asne acheter,
acheta une asnesse.

Quand son mary la vit venir,
de crier ne se peut tenir
"ce n'est pas là nostre asne!"

'Mary, tu as beu vin nouveau,
qui t'a fait troubler le cerveau,
as mescogneu nostre asne.

Voicy le joly mois de may,
que toutes bestes changent poil;
aussi a fait nostre asne.'
lanfrin *etc.*

La fill' du roi d'Espagne
veut apprendre un métier.
ell' veut apprendre à coudre,
à coudre ou à laver.

A la premièr' chemise
que la belle a lavé,
l'anneau de la main blanche
dans la mer est tombé.

La fille était jeunette,
ell' se mit à pleurer.
par delà il y passe
un noble chevalier.

'Que me donn'rez, la belle?
je vous l'aveinderai.'
"un baiser de ma bouche
volontiers donnerai."

Le ch'valier se dépouille,
dans la mer est plongé;
à la première plonge
il n'y a rien trouvé.

A la seconde plonge
l'anneau a brindillé,
à la troisième plonge
le ch'valier fut noyé.

La fille était jeunette,
ell' se mit à pleurer;
ell' s'en fut chez son père,
'je ne veux plus d'métier.'

Là haut dans ces bois
y a un hermite
qui n'a pas vaillant
trois fagots d'espine.
Marguerite, ho ho ho,
Marguerite, ho.

Qui n'a pas vaillant
trois fagots d'espine:
il a, qui vaut mieux,
une belle fille.
Marguerite *etc.*

Il la meine aux bois
cueillir la noizille.

Quand elle fut aux bois,
elle s'est endormie.

Par là il passa
bonne compagnie.

Ç'a dit le premier
'voilà belle fille.'

Ç'a dit le second
'elle est belle jolie.'

Ç'a dit le dernier
'elle sera m'amie.'
Marguerite *etc.*

Langueo d'amours, ma doulce fillette,
dum video vos au verd boys seullette.
species tua ne m'oblie mie:
post Quasi modo yrons sur l'herbette.

Verno tempore florissant rosette,
et in aurora chante l'alouette,
philomela dit en sa chansonnette
'*non est clericus* qui n'a s'amyette.'

Ero hodie en vostre chambrette
vobiscum jouer, s'il vous plaist, blondette,
ludendo saepe le jeu d'amourette:
multum dulcis est la chose doulcette.

Et summo mane d'une tartelette,
de bono vino vous donray jeunette:
postea dicam 'adieu, m'amyette;
ego revertam, quand serez seullette.'

La pauvre femme,
c'est la femme du roulier,
s'en va dans tout le pays
et d'auberge en auberge
pour chercher son mari,
tireli,
avecque une lanterne.

'Madam' l'hôtesse,
mon mari est-il ici?'
"oui, madame, il est là-haut,
là, dans la chambre haute,
et qui prend ses ébats,
tirela,
avecque la servante."

'Allons, ivrogne,
retourne voir à ton logis,
retourne voir à ton logis
tes enfants sur la paille.
tu manges tout ton bien,
tirelin,
avecque des canailles.'

"Madam' l'hôtesse,
qu'on m'apporte du bon vin,
qu'on m'apporte du bon vin,
là, sur la table ronde,
pour boire jusqu'au matin,
tirelin,
puisque ma femme gronde."

La pauvre femme
retourne à son logis,
et dit à ses enfants
'vous n'avez plus de père,
je l'ai trouvé couché,
tirelé,
avecque une autre mère.'

"Eh bien, ma mère,
mon père est un libertin,
mon père est un libertin,
il se nomme Sans-Gêne,
nous sommes ses enfants,
tirelan,
nous ferons tous de même."

Las, pourquoy m'estes vous si dure,
m'amie, si dure,
vous qui m'avez par si long temps aymé?
le doux regret qui au cœur m'a frappé,
c'est un grief mal qui trop m'y dure,
las, que j'endure.

Dame d'honneur, n'obliez mie,
n'obliez mie,
n'obliez point vostre loyal servant
qui nuit et jour il vit en languissant.
secourez moy, ma doulce amye,
car il m'ennuye. —

Et je la prins par sa main blanche,
par sa main blanche,
au joly bois je l'ay menée jouer,
cinq ou six fois je l'ay priée d'aymer,
de son gent corps j'en ay prins la mesure
et pourtraicture,
de ses deux bras elle m'a faict ceincture,
et rien plus juste. —

'Or voy je bien qu'amours sont faulses,
qu'amours sont faulses,
moy qu'ay perdu mon tresloyal amy;
oncques depuis n'euz soulas ne plaisir:
perdu soit il qui m'a de luy bannye
et qui me l'oste.

Je m'en iray rendre bigotte
avec les autres,
et porteray le noir, aussi le gris
(sont les couleurs de mon loyal amy),
si porteray les blanches patenostres,
comme bigotte.

Je m'en iray de porte en porte,
de porte en porte,
jusqu'à la porte de mon loyal amy;
c'est pour sçavoir, las, s'il est mort ou vif
ou s'il m'a changé pour une autre,
qu'amours sont faulses.

Mon pere m'y deffent trois choses,
deffent trois choses,
c'est d'y aller et aussi d'y venir
et de parler à mon loyal amy:
pour denier d'or ne m'en tiendroye,
car je mourroye.' —

Celuy qui feist la chansonnette
tant joliette,
ce fut un clerc, delaissant son païs,
qui s'en alloit demourer à Paris,
disant adieu à sa doulce amiette
qui tant luy haitte.

L'autre jour j'y cheminais
dedans la forêt du roi.

Le rossignol charmeur
y cheminait quanté moi.

Qui me dit dans son langage
que m'amiette était morte.

Je m'en fus droit au logis
où la bell' m'avait aimé.

Je n'y trouvai que la mère,
qui ne cesse de pleurer.

'Ah, qu'avez-vous, ma mère,
qu'avez-vous à pleurer?'

"Je n'avais qu'un' pauvre fille,
V'là qu'ils sont à l'enterrer."

J'pris mon cheval par la bride
et mon manteau sous mon bras.

Je n'fus pas à mi la route,
j'entendis les cloches tinter.

Je n'fus pas à mi cem'tière,
j'entendis les prêtres chanter.

Je n'fus pas à mi grand'porte,
je vis les cierges fumer.

Je n'fus pas à mi bancelle,
je vis le drap mortuaire.

Je m'en fus droit à la bière,
pour voir si ell' reposait.

'Que je dorme ou que je veille,
ce n'est plus là vot' affaire.

La ceintur' que vous m'donnîtes,
fait trois tours autour de moi.

Les anneaux que vous m' donnîtes,
ils sont encor à mes doigts.

La coiffur' que vous m'donnîtes,
elle est là dans mon coffret.

Prenez tout et donnez-le
à qui priera dieu pour moi.

Faites-en dire trois messes,
un' pour vous et deux pour moi.

N'allez plus aux assemblées,
danser, rire et vous ivrer.

Ne conduisez plus les filles
sans lantern's y allumer.

Et que la vierge Marie
vienne en aide aux trépassés.'

Le plus souvent tant il m'ennuye,
c'est de m'amye, que ne la voy,
et mon cueur dort en fantasie,
disant adieu, car je m'en voys.
si sa belle figure,
que je voy en painture,
ne m'y donne secours,
je croy que par nature
du grant mal que j'endure
je fineray mes jours.

Pleust à dieu que fusse invisible,
pour la veoir la nuict et le jour!
car elle m'ayme à son possible,
aultre qu'elle n'aura m'amour.
c'est ma grant plaisance,
aussi mon esperance
qu'à m'amye parler,
mais c'est la desplaisance
qu'elle n'a la souvenance
de mon mal supporter.

Voulez vous ouyr la responce
faicte sur moy cruellement?
de son amour pesant une once
je n'auroye pour le present.

je prens en patience,
puis qu'elle veult attendre
de moy donner confort.
voylà le coup de lance
qui navre par oultrance
mon cueur jusque à la mort.

Je vous supplie, ma doulce amye,
quant feray mon departement,
ung doulx baiser par courtoisie
donnez moy amoureusement.
je suis en fantasie
for banny de m'amye.
mauldict soit qui ce fist,
et toute sa lignie,
fust elle infinie,
qui a si maulvais bruyt.

Celuy qui en amours se fie
est fol d'aymer si loyaulment.
femme me semble grant folie
d'aymer si tresparfaictement.
car toute la nuyctie
suis en melancolie
et en grant pensement,
de peur que par envie
je ne perde m'amye
par les faulx mesdisans.

Celuy qui la chanson a escripte,
ç'a esté ung bon compaignon,
passant par boys, portant des livres,
soy reposant dessus ung tronc,
ayant en sa bouteille
bon vin qui estincelle,
pour boire bien souvent;
mis y avoit canelle,
clou et bonne muguette,
pour plus estre odorant.

Le roi Loys est sur son pont,
tenant sa fille en son giron.
elle lui demande un cavalier
qui n'a pas vaillant six deniers.

'Oh, oui, mon père, je l'aurai
malgré ma mère qui m'a porté,
aussi malgré tous mes parents
et vous, mon père, que j'aime tant.'

"Ma fille, il faut changer d'amour,
ou vous entrerez dans la tour."
'j'aime mieux rester dans la tour,
mon père, que de changer d'amour.'

"Vite, où sont mes estafiers,
aussi bien que mes gens de pied?
qu'on mène ma fille à la tour;
elle n'y verra jamais le jour."

Elle y resta sept ans passés
sans que personne pût la trouver;
au bout de la septième année
son père vint la visiter.

"Bonjour, ma fille! comme vous en va?"
'ma foi, mon père, ça va bien mal.
j'ai les pieds pourris dans la terre
et les côtés mangés des vers.'

"Ma fille, il faut changer d'amour,
ou vous resterez dans la tour."
'j'aime mieux rester dans la tour,
mon père, que de changer d'amour.'

Le roy seant en pleine cour,
où arrive maint grand seignour,
là l'on ne parle que d'amour.

Le roy envoye un messager
vers Isambourg sans plus tarder,
d'autant qu'il la veut marier.

Belle Isambourg sans s'enquerir,
voulant à son pere obeir,
s'achemine sans point faillir.

Belle Isambourg arrive en cour,
où elle void princes et seignours,
mais point n'y trouve ses amours.

Le roy luy est venu parler
pour sa volonté escouter,
s'elle se vouloit marier.

'Mon pere, j'ayme un chevalier
que j'ay aymé et veux aymer,
d'autre que luy ne veux avoir.'

"Ma fille, il faut mettre en oubly
ce chevalier, et autre amy
trouver qui aye plus que luy."

'L'ay plus aymé pour sa beauté
que n'ay faict toute ma parenté,
quoy que pauvre ayt tousjours esté.'

Le roy a fait faire une tour
pour y mettre belle Isambourg,
pensant qu'elle change son amour.

Belle Isambourg est à la tour,
où il n'y a que peu de jour:
mais tousjours songe à ses amours.

Regardant avec un grand soin
elle avisa venir de loin
son amy chevauchant grand train.

'Amy qui par icy passez,
or arrestez vous, arrestez,
ma patience vous orrez.

Malade et morte m'y feray,
porter en terre m'y lairray,
pourtant morte je ne seray.

Puis apres je vous prie, amy,
qu'à ma chapelle à Sainct-Denis
ne m'y laissez pas enfouir.'

L'on va criant parmy la cour
'elle est morte, belle Isambourg,
elle est morte pour ses amours.'

Par trois princes et un chevalier
l'on porte la belle enterrer,
dont chacun se prend à plorer.

Le roy leur commanda des lors
cheminer par dedans le bosc:
son amy viendra par dehors.

Il a ouy les cloches sonner,
il a ouy les prestres chanter,
bien tost les alla devancer.

'Entre vous qui ce corps portez,
or arrestez vous, arrestez,
pour prier pour les trespassez.

Puis qu'elle est morte pour le vray,
las, pour m'avoir par trop aymé,
un de profundis luy diray.'

De son cousteau alors couppa
trois points du suaire et regarda,
un ris d'amours elle luy jetta.

Le monde de s'esmerveiller,
et son pere tout le premier,
oyant un tel cas raconter.

Or n'est il homme avec pouvoir
qui peust, encor qu'il voye bien cler,
engarder sa fille d'aymer;
c'est à luy folie d'en parler.

Lorsque j'étais petit, petit gas paturiau,
on m'envoyait aux landes, pour garder mes agniaux
(Jean Guignol, que j'aime entendre
la gentie farlaquin, quin,
que j'aime entendre la farlaquin).

Le loup y est venu, m'a mangé les plus biaux.

Puisque t'es si goulu, garde-m'en donc la piau,

Et le bout de la queue, pour mettre à mon chapiau,

Et le bout des quatre pattes, pour faire un chalumiau,

Pour faire danser les filles à ce printemps nouviau,

Les jeunes aussi les vieilles, toutes dans un monciau

Aux gentils tourdions, de la fontaine lez eau.

Malheur vient apres moy,
qui me suit pas à pas;
pour l'amour d'une dame
je suis pres du trespas.

Or prisonnier je suis,
enfermé bien estroict
dans une basse fosse
qui est souz chastelet.

Et quand nous fusmes en bas,
on nous vint enfermer:
'voilà une salette:
c'est pour vous promener.

A neuf heures du soir
on nous vient visiter,
regardant les murailles,
si n'avons rien gravé.

A sept heures au matin
on nous vient deffermer,
nous apportant de l'eau,
c'est pour les mains laver.

Quand ce vient à midy,
on nous vient esclairer:
'voicy venir les dames,
vous viennent visiter.

Remerciez les dames
et les bourgeoises aussi,
car si n'estoient les dames,
mourriez de faim icy.'

Or est venu la belle
par qui je suis icy,
toute lasse esplorée,
qui m'a le cœur transi.

'Où allez vous, la belle,
où allez maintenant?'
"m'en vois rendre nonnette
en ce petit couvent."

Or peux je bien porter
l'orangé pour couleur,
car patient je suis,
le roy des malheureux.

Qui fist la chansonnette?
ce fut un bon souldat,
estant à la fin d'aise,
en endurant grand mal.

Marguerite, ma doulce amie,
oublier ne puis vostre non.
se j'ay souffert qu'on vous marie,
au cueur j'en ai tres grand cuisson.

Souffrez que soys vostre sergent
à vos nopces, je vous en prie,
que soys vostre escuier trenchant
à la dolente departie.

Je l'alis veoir l'autre semaine
avant que le jour fust bien cler:
elle dit 'vous perdez voz peines;
allez ailleurs vous pourchasser.

Congié vous donne ceste fois:
n'i revenez plus, je vous prie.
acollez moy encore un' fois
à la dolente departie.'

Mes amourettes sont encloses
dedans un annelet d'argent;
toutes les fois que les esgarde,
à petit que le cueur me fent.

Tel cuide oublier qui ne peult
et qui ne dort pas en son ayse:
qui de ce mal point ne se deult,
il ne scet pas que amour poyse.

———

'Marianson, dame jolie,
prêtez-moi vos anneaux dorés.'

Marianson, mal avisée,
ses trois anneaux lui a prêtés.

Quand il a tint les trois anneaux,
chez l'argentier s'en est allé.

'Bel argentier, bel argentier,
faites-moi trois anneaux dorés.

Qu'ils soient beaux, qu'ils soient gros,
comme ceux de Marianson.'

Quand il a tint les trois anneaux,
sur son cheval il a monté.

Le premier qu'il a rencontré
fut le mari de Marianson.

"Oh, dieu te gard, franc chevalier!
quell' nouvell' m'as-tu apporté?"

'Marianson, dame jolie,
de moi elle a fait son ami.'

"Tu as menti, franc chevalier;
ma femme n'est pas débordée."

'Oh bien, croyez-le ou non croyez,
en voilà les anneaux dorés.'

Quand il a vu les trois anneaux,
contre la terre il s'est jeté.

Il fut trois jours et trois nuits
ni sans boire ni sans dormir.

Au bout de trois jours et trois nuits
sur son cheval il a monté.

La mère étant sur les balcons
avisit son gendre venir.

'Vraiment, fille, ne savez pas?
voici votre mari qui vient.

Il n'y vient point en homme aimé,
mais il vient en courroucé.

Montrez-lui votre petit fils;
cela le pourra réjouir.'

'Bon jour, mon fils, voilà ton fils;
quel nom lui donras-tu, mon fils?'

A pris l'enfant par ses maillots
et en a battu les carreaux,

Puis la mère par ses cheveux
et l'a attachée à son cheval.

N'y avoit arbre ne buisson
qui n'eût sang de Marianson.

'Oh, venez çà, rusée catin,
où sont les anneaux de vos mains?'

"Prenez la clef du cabinet,
mes trois anneaux vous trouverez."

Quand il a vu les trois anneaux,
contre la terre il s'est jeté.

'N'est-il barbier ni médecin
qui puisse mettre ton corps en sain?'

"Il n'est barbier ni médecin
qui puisse mettre mon corps en sain.

Ne faut qu'une aiguille et du fil
et un drap pour m'ensevelir."

Marion est bien malade,
il luy faut une salade,
ç'a dict Marion.
helas, Marion, qu'avez vous?
'helas, j'ay mal aux genoux.'

Il luy faut une salade,
des saulcisses à la moustarde,
ç'a dict Marion *etc.*

Bon vin pour l'entrée de table,

Des olives avec des capres,

L'espaule à la persinade,

Et deux pieces de volaille,

Du fromage à la desserte.

Elle veut aller à la guerre,

Sur son col la hallebarde.

C'est la premiere aux allarmes.

Du premier coup qu'elle frappe

Elle a percé la muraille.

La breche y est assez large.

La breche y est assez large.
Elle a gaigné la bataille,
ç'a dict Marion *etc.*

———

Me levay par un matinet
(j'ay perdu mon blanc bonnet),
m'en entray dans mon jardinet
(mes amours, à dieu vous commant.
j'ay perdu maintenant
mon petit bonnet tout blanc).

M'en entray dans mon jardinet,
où je trouvay rossignolet,
qui en son joly chant disoit
(mes amours *etc.*),

Qui en son joly chant disoit
'belle fille, marie toy,
et n'y prends point ces mariolets
(mes amours *etc.*),

Et n'y prends point ces mariolets;
prends y moy ces courtisans:
ils baisent si mignonnement.'
(mes amours *etc.*)

Mon ami est venu m'y trouver.
(entends-tu, hau, Micaut, hau!
j'ai vu la caille
parmi la paille,
j'ai vu la caille
dans le blé).

M'a dit 'la belle, veux-tu m'aimer?'

"Nenny, car ma mère le saurait."

'Dis-moi donc, belle, qui lui dirait

Hormis la pie ou le corbin,

Qui disent dans leur gai refrain

"Filles et garçons, aimez-vous bien."

———

Mon père a fait faire trois bateaux sur l'eau,
c'est pour y mener la belle Alison.
lironfa ladrirette, lironfa ladrira.

C'est pour y mener la belle Alison.
la belle Alison, elle a le cœur tant gay.
lironfa *etc.*

Rossignolet du bois, pour dieu consolez moy.

De trois amoureux lequel je prendray?

Et si je prends le jeune, il est necessiteux.

Et si je prends le riche, il n'est pas à mon gré.

Et ces batteliers, ils ont le cœur tant gay.

Quand ils sont sur la mer, ils crient à haute voix

'Si je tenois m'amie, je la baiserois

Par ma foy de dieu jusques à très-bien,

Je luy metterois un anneau d'or au doigt.'
lironfa *etc.*

Mon pere et ma mere
leur foy ont juré
que dans six sepmaines
je me mariray.
au joly bois je m'en vay,
au joly bois j'iray.

Que dans six sepmaines
je me mariray
à un vieux bonhomme
que je tromperay.
au joly bois *etc.*

Droit en Cornouaille
je l'envoyeray,

Et de ses richesses
largesse en feray

A un beau jeune homme
que je choisiray.

Si le vieillard gronde,
je le gratteray;

Puis nous en irons
droict au bois jouer.
au joly bois *etc.*

———

Mon pere, je vous ay servy
bien quatorze ans ou d'avantage,
mais je vueil servir un amy
qui est en mon loyal courage.
mon pere, vous ferez que sage
en bref temps de me marier,
car je pers la fleur de mon age;
adieu, mon joly temps passé.

Il n'y a pas trois mois passez
que j'aime d'une amour certaine
un amoureux qui est tant gay,
qui est de Diepe la jolie.
mon pauvre cœur ne l'ose dire,
un jour viendra qu'il le dira;
je seray sa loialle amie,
je coucheray entre ses bras.

Quant viendra l'heure aussi le jour
que je seray bien mariée
et que feray le long sejour
entre les bras de ma partie,
dessoubz la blanche couverture
nous compterons tous noz doulours,
disant 'voicy l'heure venue!
il fault accomplir noz amours!'

Rossignolet, qui chante au bois
à l'umbre sur l'herbe jolie,
va au logis de mon amy
et recommande son amie,
qui vit tousjours en grand martire,
ne peult oublier ses amours;
à son pere ne l'ose dire:
c'est de peur d'allonger ses jours.

Ma mere a passé sa douleur,
et je n'ay pas passé les miennes.
si je puis estre en valeur,
je feray compasser les miennes.
mon pere, c'est chose certaine,
si bien tost ne suis à mon gré,
un jour viendra que les estreines
deviendront à plus grand marché.

Celle qui la chanson disoit
c'estoit une fille plaisante;
devant son pere la chantoit,
mais point ne la vouloit entendre.
mon pere, je suis hors d'enfance;
gardez vostre honneur et le mien,
donnez moy congé et licence
d'avoir celuy que j'aime bien.

Mon père m'a voulu marier
à un vieillard bonhomme
(la fougère, la belle fougère,
la fougère grène, grène,
la fougère grènera)

Qui n'a ni maille ni denier,

Fors un bâton de vert pommier,

De quoi il me bat les côtés.

S'il me bat, je m'en irai

Avec les vaillants mariniers.

Ils m'apprendront le jeu des dés,

Le jeu de cartes après souper.

Mon pere m'envoye
garder les moutons,
apres moy envoye,
dureau la duroye,
apres moy envoye
ung beau valeton.

Apres moy envoye
ung beau valeton,
qui d'amours me prie,
dureau la duroye,
qui d'amours me prie,
et je luy responds

'Allez à Binette,
plus belle que moy.

S'elle vous refuse,
revenez à moy.'

"Elle m'a refusée,
je reviens à vous.

J'ay en ma boursette
cent escus de roy,

Et bien autre chose,
que je vous diray."

III

'De mon pucellaige
present vous feray

Et de bon couraige
je vous aymeray.'

Andely sus Seine,
trois basteaulx y a.

C'est pour mener Binette
au chasteau gaillart.

Que fera Binette
au chasteau gaillart?

Fera la lessive
pour blanchir les draps,

Servira son maistre,
dureau la durette,
servira son maistre,
quant il luy plaira.

Mon pere, mon pere,
vous avez faict mal,
derira,
de m'avoir donnée
à un faulx vieillart,
derirette,
à un faulx vieillart,
derira.

De m'avoir donnée
à ce faulx vieillart,
derira.
premiere nuictée
qu'avec moy coucha,
derirette *etc.*

M'y tourna l'espaulle
et puis s'endorma.

Et je prins ma cotte,
ainsi me vesta,

Et je prins ma robe,
sur mon pere alla.

'Mon pere, mon pere,
vous avez faict mal

De m'avoir donnée
à ce faulx vieillard.'

"Ma fille, ma fille,
de l'argent il a."

'Mon pere, mon pere,
je sçay bien qu'il a.

Fy de la richesse,
qui grant joye n'en a.

Vieillesse et jeunesse,
ce n'est que fatras;

Jeunesse et jeunesse,
ce n'est que soulas.'
derirette *etc.*

Mon pèr' m'a donné un mari,
Il me l'a donné si petit
Que dans mon lit je le perdis.
Je pris la lampe et le cherchis,
J'ai brûlé la paillass' du lit,
Je l'ai retrouvé tout rôti.
Dessous ma table je l'ai mis,
Le chat entra et l'emportit.
Non, de ma vie je n'ai tant ri:
Prendre un mari pour un' souris!

'Ne sçauroit on trouver
un messager en France
qui s'en voulsist aller
au jardin de plaisance,
dire à Robert, le beau Robert,
que la brunette se mouroit?'
"je suis Robert, le beau Robert,
que la brunette tant aymoit."

Et quand Robert ouyt
ces certaines nouvelles,
il a bridé Grison
et luy a mis la selle;
frappit trois coups des esperons jolis,
pour la brunette secourir.
"je suis Robert, le beau Robert,
que la brunette tant aymoit."

Et quand Robert y fut
à l'entrée de la porte,
il a ouy sonner
trois fois les grosses cloches,
qui en leur piteux son disoient
que la brunette se mouroit.
"je suis Robert, le beau Robert,
que la brunette tant aymoit."

Quand Robert fut entré
au milieu de la ville,
il a ouy chanter
l'alouette jolie,
qui en son joly chant disoit
que la brunette guerissoit.
"je suis Robert, le beau Robert,
que la brunette tant aymoit."

Quand Robert fut entré
au milieu de la chambre,
il avoit oublié
toutes ses contenances.
il fist trois tours autour du lict,
pour la brunette resjouir.
"je suis Robert, le beau Robert,
que la brunette tant aymoit."

'Et Robert, mon amy,
et ne t'esbahis mie,
avant qu'il soit trois jours,
tu verras ton amie,
tu la verras en grand estat
portant mancherons de damas.'
"brunette suis, parlez à moy,
mon cœur mourra s'il ne vous voit.'

'Et Robert, mon amy,
nous n'avons qu'une fille:
mais les gens vont disant
qu'elle estoit trop petite.

elle est à vous, elle est à moy,
elle est brunette comme moy.'
"brunette suis, parlez à moy,
mon cœur mourra s'il ne vous voit."

'Et Robert, mon amy,
quand viendrez à la ville,
venez y hardiment
en grande compaignie,
et y venez en grand estat,
comme le filz d'un advocat.'
"brunette suis, parlez à moy,
mon cœur mourra s'il ne vous voit."

'Et Robert, mon amy,
vous n'avez point de chausses·
prenez de mon argent
et en achetez d'autres,
et les prenez en grand estat,
qu'elles bouffent le taffetas.'
"brunette suis, parlez à moy,
mon cœur mourra s'il ne vous voit."

Nostre chambriere
se lieve de matin;
elle a prins son sac d'orge
et s'en va au molin.
venez, venez, venez y toutes!
nous vous ferons mouldre
à nostre meusnier.

Elle a prins son sac d'orge
et s'en va au molin.
le premier qu'elle rencontre,
rencontra le meusnier.
venez *etc.*

'Et dieu vous gard, meusnier!
me voulez engrener?'

"Oui par ma foy, fille!
c'est mon propre mestier."

Il a prins son marteau
pour la mole enchappler.

Et au son de la mole
la fille s'endormit.

Troys foys il l'a embrassée,
qu'oncques mot n'en sonnit.

Quand ce vint à la quarte,
la belle s'esveillit.

'A toutes celles qui viennent,
leur faictes vous ainsi?'

"Oui par ma foy, fille!
jamais je n'y failly."

'Par foy, se le sçavoye,
je viendroye le matin,

Et si ameneroye
les filles à no voisin.'
venez *etc*.

Nous estions troys galans
de Lyon la bonne ville,
nous en allons sur mer,
n'avons ne croix ne pile.

La bise nous faict mal,
le vent nous est contraire,
nous a chassé si loing
dedans la mer salée.

Voici venir Preian
à toutes ses galeres:
'or vous rendez, enfans
de Lyon la bonne ville!'

Ne ferons pas pour toy
ny pour toutes tes galeres:
nous nous rendons à dieu,
à la vierge Marie.

Monsieur sainct Nicolas,
madame saincte Barbe!
rossignolet du boys,
va t'en dire à ma mye,

L'or et l'argent que j'ay,
en sera tresoriere,
de troys chasteaulx que j'ay
aura la seigneurie.

L'ung est dedans Milan,
l'aultre en Picardie,
l'aultre dedans mon cueur,
mais je ne l'ose dire.

Nous sommes trois cousinettes,
toutes les trois à marier.
nous nous disions l'une à l'autre
'ma sœur, fait-il bon aimer?'
non, je ne m'en puis, gué gué,
non, je ne m'en puis passer.

Nous nous disions l'une à l'autre
'ma sœur, fait-il bon aimer?'
'demandez à la voisine,
la voisine qu'a tant aimé.'
non, je ne m'en puis *etc.*

La voisine était couchée,
Elle n'a pas pu se lever.

Elle a crié par la fenêtre
'faut chercher un cavalier.'

En voici un, en voici deux,
en voici un fort à mon gré.

'Donnez-moi votre main blanche,
avec moi venez danser.'

Retournez à votre place,
vous m'avez pris' sans m'embrasser.

Je dirai à votre mère
que vous êtes un engelé,

Un mangeur de pommes cuites,
un buveur de lait trutté.

Allez rejarter vos chausses,
vos souliers sont débouclés.

Regardez sur votre manche,
vous vous y êtes mouché.

Regardez sur votre épaule,
le coucou s'y est perché.

On dit qu'à Vaugirard il y a de belles filles,
qui pour leur grand beauté le roy les voulut voir.
farlarira lironfa liron lanlere.

Qui pour leur grand beauté le roy les voulut voir.
il n'y a pas envoyé son laquais ni son page,
farlarira *etc.*

Mais il y a envoyé ce bon prince d'Orange.

Aussitost qu'elle le veit, 'je suis fille perdue!'

"Ne te chagrine point; c'est pour ton mariage."

'A moy n'appartient pas d'avoir un fils de France,

Mais à moy appartient d'avoir un gentilhomme

Qui soit de bonne maison et de bon parentage.'
farlarira *etc.*

Oyez par bonne façon
d'un petit homme la chanson
et de ses faictz toute la somme:
dieu gard de mal ce petit homme!

Ce petit homme tant joly
tousjours chante et tousjours rit
et tousjours baise sa mignonne:
dieu *etc.*

'Ce joly mois d'aoust tant gaillard
irons jouer à Vaugirard
et de là au boys de Boulongne:
dieu *etc.*

Je m'en vay demain au marché
pour maintes choses acheter,
tout le besoing de ma personne:
dieu *etc.*

J'auray la coquille d'un beuf
pour couvrir m'amye, quand il pleut,
et quand il pleut et quand il tonne:
dieu *etc.*

Si j'avois la peau d'un connin,
j'en ferois faire un casaquin
et des souliers pour ma mignonne:'
dieu *etc.*

Ce petit homme a un collet,
un manteau et un bonnet
qu'il porte par dessus sa couronne:
dieu *etc.*

Ce petit homme a un cochet
qui luy donne un resveil
tous les matins, quand il prent somme:
dieu *etc.*

Ce petit homme a des ducatz
qui sont de fin or et de poix
pour faire brave sa mignonne:
dieu *etc.*

Ce petit homme alloit aux champs
et il a trouvé des brigans
qui ont vollé toute sa somme:
dieu *etc.*

Ce petit homme a trois enfans
et il n'a pas vaillant trois blancz,
et aux champs fait du gentilhomme:
dieu *etc.*

Ce petit homme a trois maisons
pour loger trois petits cochons,
et les cochons et la cochonne:
dieu *etc.*

Ce petit homme n'est pas grand
duquel nous parlons maintenant.
je l'ay veu luy mesme en personne:
dieu *etc.*

Passant melancholie
un soir apres souper,
par devant l'huis m'amie
je m'en viens pourmener:
ma pensée fut telle,
je luy criay 'la belle,
je croy que vous dormez:
ouvrez moy la fenestre,
car mon amour secrette
je vous veux declairer.'

Elle estoit endormie;
tout soudain se leva,
sortit à la fenestre,
demande 'qui est là?'
je me prins à luy dire
'c'est celuy qui desire
d'estre le serviteur
de vostre cœur, m'amie,
d'une si grand envie
que j'en vis en langueur.

De vostre cœur, m'amie,
de loing me suis saisy.
ne me refusez mie
me choisir pour amy.

long temps ha que pourchasse
pour avoir vostre grace
et de jour et de nuict.
je vous prie de grace,
dites moy sans fallace,
si j'en pourrois jouir.'

'Helas' ce me dit elle,
'que venez vous chercher
si tart à ma fenestre?
que pourriez vous gaigner
si non travail et peine?
car je suis bien certaine
que ne puis contenter
la moindre de vos peines
que prenez es semaines,
me venant visiter.'

'Helas, je puis bien dire
qu'il m'en fault donq aller.
au moins de vostre bouche
donnez moy un baiser.
helas, la grand tristesse,
aussi la grand angoisse
où mon cœur est bouté!
je mourray de tristesse,
aussi de grand angoisse,
puis qu'il m'en fault aller.'

Quand la belle ouyt dire
qu'il s'en vouloit aller,
humblement luy va dire,
se mettant à pleurer,
'las, je suis toute nue
et si courte tenue
que ne vous puis ayder.
si faisoit belle lune,
j'escrirois d'une plume
"bon soir vous soit donné."

Passez les bois, passez,
passez les bois, brunette.

Mon père, il m'a loué
pour garder brebiettes.

Les garder je ne sais,
car je suis trop jeunette.

Le loup m'en happit trois
par une brèche ouverte.

Et je m'en fus après
pour cueillir la violette.

J'en emplis tous mes sacs
et ma jolie bougette.

Il m'en restait trois brins,
je ne sus où les mettre.

J'les mis dessus mon sein,
dedans ma gorgerette.

Le forestier du roi
me vit bien les y mettre.

'Bell', viens-t'en d'avec moi
au chemin d'amourette.'

J'aim'rais mieux, forestier,
que ta forêt fût sèche,

Et toi au beau mitan,
pour servir d'allumette.

Puis que j'ay perdu mon amy,
j'ay bien cause de souspirer.
je le regrette jour et nuict,
rien ne m'y vault le regretter.
las, se doit on esmerveiller,
si j'ay le cœur triste et marry?
jamais joye au cœur je n'auray
tant que j'aye parlé à luy.

Sans dire adieu s'en est allé
hors d'avec moy par desplaisir.
la veille de sainct Honoré
j'estois couchée avecques luy,
de moy faisoit à son plaisir,
quant on vint à nostre huis heurter;
ce fut bien à luy à courir,
on le vouloit emprisonner.

Las, oncques puis je ne le veis
et si n'en ay ouy parler.
je prie à dieu de paradis
que de mal le vueille garder,
et qu'il le vueille ramener,
ou de bref me faudra mourir,
ou vrayement l'iray chercher;
je ne puis plus vivre sans luy.

Je sçay de vray que s'il sçavoit
que mon cœur eust tant de doulours,
que bien tost il s'en reviendroit,
fust il à Lyon ou à Tours.
vrayement je feray tant de tours
pour voir si je le trouveray;
j'auray grand joye de mes amours,
si tost que trouvé je l'auray.

Nous ferons faire une tour,
moy et mon amy par amour,
aux quatre pilliers de la tour
feray planter quatre esglantiers,
où le joly rossignolet
si chantera son gergonnet.
mon amy, aymez moy autant
que celle qui vous veut avoir.

Rossignolet du bois joly,
le messager des amoureux,
je te prie, cherche mon amy,
celui pour qui à glaive meurs.
dy luy que j'ay tant de douleurs
que je ne me puis soustenir;
je fons en larmes et en pleurs:
et te haste de revenir.

Quand Jean Renaud de la guerre revint,
il en revint triste et chagrin.

'Bonjour, ma mère.' "bonjour, mon fils;
ta femme est accouchée d'un petit."

'Allez, ma mère, allez devant,
faites-moi dresser un beau lit blanc.

Mais faites-le dresser si bas
que ma femme ne l'entende pas.'

Et quand ce fut vers la minuit,
Jean Renaud a rendu l'esprit.

'Ah, dites, ma mère, ma mie,
ce que j'entends pleurer ici.'

"Ma fille, ce sont les enfants
qui se plaignent du mal des dents."

'Ah, dites, ma mère, ma mie,
ce que j'entends clouer ici.'

"Ma fille, c'est le charpentier
qui raccommode le plancher."

'Ah, dites, ma mère, ma mie,
ce que j'entends chanter ici.'

"Ma fille, c'est la procession
qui fait le tour de la maison."

'Mais dites, ma mère, ma mie,
pourquoi donc pleurez-vous ainsi?'

"Hélas, je ne puis le cacher,
c'est Jean Renaud qui est décédé."

'Ma mère, dites au fossoyeux
qu'il fasse la fosse pour deux,

Et que l'espace y soit si grand
qu'on y renferme aussi l'enfant.'

Le roi Renaud de la guerre revint;
ses boyaux portait dans ses mains.

Sa mère l'aperçoit revenir;
elle en a son cœur réjoui.

'Mon fils Renaud, réjouis-toi:
ta femme est accouchée d'un roi.'

"Ni de ma femme, ni de mon fils,
je n'en ai le cœur réjoui.

Ma mère, faites-moi un blanc lit,
faites le lit bien en secret,
que l'accouchée n'en sache rien."

'Dites-moi, ma mère, ma mie,
pourquoi j'entends pleurer ainsi.'

"Ma fille, c'est un de nos chevaux
que nos valets ont trouvé mort."

'Et pourquoi, ma mère, ma mie,
pour un cheval tant de crieries?

Quand le roi Renaud reviendra,
de plus beaux il ramènera.

Dites-moi, ma mère, ma mie,
ce que j'entends frapper ici.'

"Ma fille, c'est une de nos maisons
que l'on bâtit ici au rond."

'Dites-moi, ma mère, ma mie,
ce que j'entends chanter ici.'

"Ma fille, il y a vêpre et sermon
que l'on va dire ici au long."

'Dites-moi, ma mère, ma mie,
quel habit mettrai-je aujourd'hui?'

"Le rouge, le vert vous quitterez,
le noir, le blanc vous mettrez:

Car les femmes qui relèvent d'enfant,
le noir leur est bien plus séant."

Quand commencent les litanies et chants,
les pâtureaux s'en vont disant

'Voilà la femme de ce grand roi
qu'on a enterré hier au soir.'

'Dites-moi, ma mère, ma mie,
qu'est-ce que ces pâtureaux ont dit?'

"Ma fille, je ne puis le cacher,
le roi Renaud est enterré."

Quand elle est à l'église entrée,
le cierge on lui a présenté.

'Ma mère, voilà un beau tombeau.'
"ma fille, il peut bien être beau,
c'est le tombeau du roi Renaud."

'Tenez, ma mère, voilà les clés
de toutes mes villes et mes cités.

Prenez mes bagues et mes joyaux,
ayez soin de mon fils Renaud,
je vais mourir sur ce tombeau.'

Elle a pleuré quarante jours
sur le tombeau du roi Renaud.

Et après les quarante jours
elle est allée dans un couvent.

Quand j'entris dans Marseille,
je fus bien estonné
de voir tant de forceres
deux à deux enchainez;
et moy bien estonné,
me pensant reculer,
à grands coups de gourdin
l'on me fit advancer.

Quand j'entris en gallere,
troùvis un argousin
tout remply de collere,
plus traistre que Caïn,
un rasoir dans sa main
pour raser mes cheveux.
je ne fais que languir,
de vivre je ne peux.

Quand ce meschant perfide
la teste m'eust rasé,
je n'estois plus en vie,
mais j'estois tout pasmé:
encore me dict-il
'vilain, despouille-toy,
prends les habits du roy,
car les tiens sont à moy.'

Les habits qu'on me donne,
de grosse toile estoit
une chemise rouge,
aussi est le bonnet;
une chaisne à mes pieds,
pour plorer mes pechez:
j'endure autant de mal
que les pauvres damnés.

Il vint un capitaine
lequel m'a demandé
'où est celuy qui t'ameyne?
où es-tu condamné?'
j'estois si estonné,
ne luy respondis rien,
mon arrest luy donnis,
il l'a pris dans la main.

Or voicy un comite
qui en son col portoit
une chaisne bien riche
et au bout un siflet,
qui m'a dit 'mon amy,
courage tu prendras,
ne te laisse mourir,
un jour tu sortiras.'

L'on m'apprend à escrire
d'une estrange façon;
la plume qu'on me donne
a trente pieds de long;

l'ancre ne manque point,
car l'ancre c'est la mer;
la plume c'est la rame
qui m'apprend à voguer.

Messieurs de la justice,
où m'avez-vous reduit?
dedans une gallere,
bien loin de mes amis,
lié et garrotté
comme un cruel lion,
battu et tourmenté
à grands coups de baston.

Qui a faict la chansonnette?
c'est Pierre du Blaty,
qui est né de la ville
de Cahors en Quercy,
lequel est accusé
en son corps deffendant
de tuer un escollier,
et se dit innocent.

Quand je partis de ceste ville,
j'en partis à grant regret,
tout pour l'amour d'une dame
(la la la)
qu'on ne m'a pas voulu donner
(lironfa).

Tout pour l'amour d'une dame
qu'on ne m'a pas voulu donner.
il n'a tenu qu'à son pere
(la la la)
que je ne l'ay fiancée
(lironfa).

Mais il y en vient un autre,
qui ne l'a pas meritée.

Je m'en iray à son pere,
veoir si me la veut donner.

Il me feit une responce
qui ne fut point à mon gré.

'Elle est là haut en ma chambre
enfermée dessoubs ma clef.'

Sa cousine la va veoir,
c'est pour la reconforter.

'Ma cousine, ma cousine,
et vous le faut oublier.'

"Helas, comment l'oubliray-je?
car il est trop à mon gré.

Si je n'ay celuy que j'ayme,
jamais ne me mariray.

Je luy ay ma foi promise,
la sienne m'a affermée."

Qui fist ceste chansonnette?
une qui aymoit ses esbas,
aymant le jeu d'amourettes
(la la la)
plus que d'estre renfermée
(lironfa).

———

Quand j'étais chez mon père,
jeune fille à quatorze ans
(j'aime, j'aime les cotillons rouges,
j'aime, j'aime les cotillons blancs),

on m'envoyait garder les vaches
et les moutons quant et quant.

Dans les grands champs où je les mène,
un grand chemin passe dedans.

C'est par ce chemin que passe
un cavalier tout en blanc.

'Combien gagnez-vous, la belle,
combien gagnez-vous par an?'

"Un écu par chaque année,
d'o un petit cotillon blanc."

'Venez quanté moi, la belle,
et vous en gagnerez cent.'

"Je ne vais point quanté les hommes,
que je n'épouse auparavant,

Face à face dans l'église,
en présence de nos parens,

La couronne sur la tête,
les rubans en bavolant."

Quand ma journée est faite
(la la la la la),
je m'en vais promener.

Dans mon chemin rencontre
une fille à mon gré.

Je l'ai prise par sa main blanche
et au bois l'emmenai.

La fille était timide,
elle se mit à pleurer.

Et moi comme un idoine
je la quittai aller.

Quand elle fut dans la plaine,
elle se mit à chanter.

'Ah, qu'avez-vous, la belle,
qu'avez-vous à chanter?'

"Je chante Nicodème,
qui m'a quittée aller."

―――

Rossignolet du bois
qui chante au verd boscage,
as tu ouy la voix
d'un garson de village
qui dit en son langage
qu'il se vouloit marier?
mais il n'entend pas l'usage
comme c'est qu'il fault aymer.
garson de village
qui se vouloit marier,
mais il n'entend pas l'usage
comme c'est qu'il fault aymer.

'Si j'avois de l'argent,
je vous dis, à grand somme,
je m'en irois souvent
avecques ma mignonne,
qui est tant belle et bonne,
las, je m'en irois jouer,
elle m'apprendroit en somme
comme c'est qu'il fault aymer.'
garson *etc.*

'Helas' dit l'amoureux
à sa douce amoureuse,
'quand n'estions que nous deux,
vous n'estiez point honteuse:

vous faites la facheuse
maintenant devant les gens,
mais quand je vous treuve seule,
vous n'en faites pas autant.'
garson *etc.*

Un loyal amoureux
doit avoir bonne audace,
se monstrant gratieulx,
acquerant bonne grace,
sans user de fallace;
qui veult les dames hanter
plaisamment, fault qu'il s'hazarde
à souvent les frequenter.
garson *etc.*

Qui fist ceste chanson?
fut un gallant de ville,
estant à la maison
d'une plaisante fille,
à passetemps habille.
ilz faisoient à leur plaisir:
il y en a plus de cent mille
qui sunt pleins de tel desir.
garson *etc.*

Rossignolet du boys ramé,
va m'y saluer, je te prie,
mon doulx amy plaisant et gay
et luy dy qu'il ne m'oublie mie.

Je te supplie, rossignolet,
va m'y tantost faire ung messaige,
va à mon amy et luy dy
que je l'attens au vert bocaige.

Et qu'il vienne parler à moy,
et j'en seray plus resjouye.
toutes les foys que je le voys,
de tous mes maulx je suis guerie.

La nuict quant je m'y doy dormir,
je m'y resveille tressaillant;
il m'est advis que doy tenir
mon doulx amy que j'ayme tant.

Puis qu'il m'ayme sans faulceté,
je luy seray loyalle amye:
et l'eussent mesdisans juré,
par sus toutes il m'a choisie.

Si j'avois fait
amie à mon vouloir,
j'eusse bien fait
la faire demander,
j'en eusse eu ma demande,
j'en suis bien adverty,
par plusieurs me le mande.

Tous ses parens
en estoient bien contens.
mais j'ay trop mis,
ne suis venu à temps.
elle estoit fiancée,
mais non obstant cela
s'amour m'avoit donnée.

Si j'eusse dit
que je vouloye l'avoir,
sans contredit
c'estoit son bon vouloir.
elle y avoit fiance,
de soy desfiancer
souhaitoit sans doubtance.

En lieu secret
je luy fuz dire adieu.
elle plouroit
tendrement de ses yeux,
me disant en la sorte
'amy, si me laissez,
je voudrois estre morte.'

Quand j'euz cogneu
d'elle le bon vouloir,
qu'elle vouloit
si loyaument m'aymer
d'une amour si certaine,
de la vouloir laisser
mon cœur souffrit grand peine.

'Ma douce amie,
las, pourquoy plourez-vous?'
'mon doux amy,
c'est pour l'amour de vous.
vous allez à la guerre:
si le vent vient à point,
passez par ceste terre.

Si j'eusse esté
belle à vostre vouloir,
ja souhaité
ay d'avoir le pouvoir
pour estre vostre amye.
une heure à son plaisir
vault mieux que cinq cens mille.'

Celuy qui a fait
ceste belle chanson,
un bon soudart,
tirant à l'aviron,
s'en allant à la guerre,
regrettant ses amours
tant par mer que par terre.

Si j'avois faict
demande à mon vouloir,
ce ne seroit
or, argent ny avoir
ny aucune chevance,
ce seroit seulement
de lire ma plaisance.

Non pas Ogier
ny Hercules aussi,
mais de mon dieu
au lieu de ces deux cy
la divine escripture,
qui est pour mon esprit
la propre nourriture.

Quand j'apperceu
de dieu le bon vouloir,
qui m'a voulu
si loyaument aymer
d'une amour si certaine,
jamais je ne craindray
pour luy endurer peine.

Il appert bien
qu'il a amour en nous,
quand luy a pleu
pour le salut de tous
venir cy bas en terre
pour vaincre l'ennemy
qui nous faisoit la guerre.

Helas, seigneur,
il y a si long temps
qu'on n'a congneu
la verité vrayement
comme on faict à ceste heure.
c'est par le sainct esprit
qui en a faict les œuvres.

Dieu eternel,
vueille nous pardonner
tous noz pechés
pour noz ames saulver
et les mettre en ta gloire,
car tant que je vivray
de toy auray memoire.

Or prions tous
le seigneur gracieux
nous amollir
le cueur malicieux,
qui est plus dur que pierre,
et qu'il soit reclamé
tant au ciel qu'à la terre.

Celuy qui fist
ceste jolie chanson,
un bon souldat,
tirant à l'aviron
en ce lieu de misere,
desirant estre faict
le vouloir de son pere.

Sus l'herbe, brunette,
Sus l'herbe m'atendez.

M'amyette m'a mandé
(sus l'herbe, brunette *etc.*)

Que j'allasse à elle parler,

Et je n'y sçaurois aller;

Mes chevaulx sont defferrez.

Nous les ferons enferrer

De cinquante cloux dorez.

Mareschal qui les ferrez,

Vous n'en aurez ja denier,

Q'ung acoller et q'ung baiser
(sus l'herbe *etc.*).

Une jeune fillette
de noble cœur,
plaisante et joliette,
de grand valeur,
outre son gré
on l'a rendue nonnette;
cela point ne souhaitte,
dont vit en grand douleur.

Un soir apres complie
seullette estoit,
en grand melencolie
se lamentoit,
disant ainsi,
'douce vierge Marie,
abregez moy ma vie,
puis que mourir je doibs.

Mon povre cœur souspire
incessament,
aussi ma mort desire
journellement,
qu'à mes parens
ne puis mander n'escrire;
ma beauté fort empire,
je vis en grand tourment.

Que ne m'a on donnée
à mon amy,
qui tant m'a desirée,
aussi ay je moy luy.

toute la nuict
me tiendroit embrassée,
me disant sa pensée
et moy la mienne à luy.

Adieu vous dis, mon pere,
ma mere et mes parens,
puis que m'avez rendue
nonnette en ce convent,
où il n'y a
point de resjouyssance.
je vis en desplaisance,
je n'attens que la mort.

La mort est fort cruelle
à endurer,
et si c'est un passage
qu'il faut passer,
encore est plus
le grand mal que j'endure,
qu'une peine est si dure
qu'il ne fault supporter.

Adieu vous dis, les filles
de mon pays,
puis qu'en ceste abbaye
me faut mourir;
en attendant
de mon dieu la sentence
je vis en esperance
d'en avoir reconfort.'

Une lynotte,
qui servoit bien son maistre,
de sa cage s'en volla
pour aller voir les prestres.
petite beste,
je ne te nourriray jamais,
je ne te puis cognoistre.

De sa cage s'en volla
pour aller voir les prestres.
dessus le chevet du lict
advisa sa maistresse.
petite beste *etc.*

'Maistresse, que faictes vous?
je le diray au maistre.'

"Lynotte, ne le dis pas:
je te feray la feste.

Je te donray cent escuz
et la bourse à les mettre."

'De tes escuz je ne veux point,
car je n'en ay que faire.

Il ne me faut qu'un denier
pour avoir de la navette,

Et un petit carolus
pour ma cage refaire,

Et un petit limasson,
c'est pour me mettre à boire.

Et puis je prens mon plaisir
à resjouir mon maistre.'
petite beste *etc.*

Un matin, près d'un jardinet
(ah, Thomas, réveille, réveille,
ah, Thomas, réveille-toi)

Je vis mon ami. qui dormait.

Je le pris par le petit doigt,

Tant fis qu'il se leva tout droit,

Et me dit 'que veux-tu de moi?'

"Fais-moi donc un joli bouquet."

'Et de quoi veux-tu qu'il soit fait?'

"De thym, de rose et de muguet;

Ce sont les fleurs d'amour parfait."

En le faisant sa main tremblait,

Et ne put le fair' bien adreit.

Vivray je plus gueres,
languiray je tousjours
pour l'amour d'une dame
que j'ayme par amours?

El m'a sa foy promise
qu'el n'aymeroit que moy:
je l'ay trouvée menteuse,
elle en a deux ou troys.

Rossignolet saulvaige,
prince des amoureux,
je te prie qu'il te plaise
de bon cueur gracieulx,

Va moy faire un messaige
à la belle, à la fleur,
qu'el ne m'y tienne plus
en si grosse rigueur.

Rigueur m'y fait mourir,
je n'ay autre douleur,
pour l'amour de m'amye,
qui m'a transy le cueur.

Car elle est trop fiere,
je mourray de langueur.
adieu, mes amourettes,
je n'ay plus de vigueur.

Voici la Saint-Jean,
l'heureuse journée,
que nos amoureux
vont à l'assemblée.
marchons, joli cœur,
la lune est levée.

Que nos amoureux
vont à l'assemblée:
le mien y sera,
j'en suis assurée.
marchons *etc.*

Il m'a apporté
ceinture dorée.

Je voudrais ma foi
qu'elle fût brûlée,

Et moi dans mon lit
avec lui couchée:

De l'attendre ici
j'en suis ennuyée.
marchons *etc.*

Voici le joli mois de mai
que les amants plantent leur mai.
j'en planterai un à ma mie;
plus haut il s'ra que sa chaumine.

J'y bouterai pour le garder
un soldat de chaque cousté.
qu'y mettrons-nous pour sentinelle?
ce s'ra le galant de la belle.

'Que j'en serai fâché pour toi,
si ta mie venait à le voir.
ta mie en aime quelques d'autres
et se moquera de nous autres.'

Je sais bien ce que je ferai:
je m'en irai, m'embarquerai,
je m'en irai droit à Marseille
et ne penserai plus à elle.

Quand de Marseille reviendrai,
devant sa porte passerai,
demanderai à sa vesine
'comment se porte Catherine?'

"Catherine se porte ben,
est mariée depuis long temps
avec un monsieur d'la campagne
qui lui fait faire la dame.

Car il porte un chapeau bordé
et a l'épée à son cousté;
la nourrira mieux sans ren faire
que non pas toi, mauvais cardère."

Voicy la mort, voicy la mort
qui tient mon cueur en laisse:
c'est du regret que j'ay de mon amy.
je meurs, helas, je meurs,
puis qu'il fault que vous laisse.

O Avignon, o Avignon,
cité fleur de noblesse,
le mien amy, las, tu tiens en prison.
je meurs *etc.*

Helas, tu dors, helas, tu dors,
et mon pauvre cueur veille,
comme celle qui vit en marri sort.
je meurs *etc.*

Voilà la Saint-Jean passée,
le mois d'août est approchant
où tous garçons des villages
s'en vont la gerbe battant.
ho, batteux, battons la gerbe,
compagnons, joyeusement.

Par un matin je me lève
avec le soleil levant,
et j'entra dedans une aire:
tous les batteux sont dedans.
ho *etc.*

V'là des bouquets qu'on apporte,
chacun va se fleurissant.
à mon chapeau je n'attache
que la simple fleur des champs.

Mais je vois la giroflée
qui fleurit et rouge et blanc:
j'en veux choisir une branche,
pour ma mie c'est un présent.

Dans la peine, dans l'ouvrage,
dans les divertissemens,
je n'oublie jamais ma mie,
c'est ma pensée en tous temps.

Ma mie reçoit de mes lettres
par l'alouette des champs,
et moi je reçois des siennes
par le rossignol chantant.

Sans savoir lir' ni écrire
nous lisons c'qui est dedans :
il y a dedans ces lettres
'aime-moi, je t'aime tant.'

Viendra le jour de la noce,
travaillons en attendant ;
devers la Toussaint prochaine
j'aurai tout contentement.
ho *etc.*

Voulez ouyr chanson, chansonnette nouvelle?
la fille du chasteau qu'on dit qui est tant belle,
elle est tant belle, tant parfaicte en beauté,
voyant sa bonne grace m'amour luy ay donné.

Je luy ay faict present de couleur de livrée,
je vous jure ma foy, est mignonne et gorriere,
dont l'un est vert et l'autre est orangé,
orangé patience, le vert pour gayeté.

'Or voyez ma couleur, or voyez ma livrée,
or voyez, mon amy, comme je suis changée.
la patience je la prens par amours:
amy, si je l'endure, c'est pour l'amour de vous.'

"Pourquoy l'endurez vous, m'amye tant souveraine?
rendez moy mon acquit, mettez moy hors de peine,
rendez le moy, par amour, mon acquit,
et me dictes, la belle, adieu mon doux amy."

'Amy, si me laissez, je me rendray tant humble
que je ne parleray à homme de ce monde;
quant à mon cueur, il sera tout commun,
et dedans mon courage je n'en aymeray qu'un.'

Entre vous, compagnons qui aymez les fillettes,
vous en trouverez cent de belles et de laides
qui en devant vous feront beau semblant
et en derriere de vous s'yront mocquant.

Qui fist ceste chanson? un bon soldat de guerre,
allant delà les montz, tant par mer que par terre,
en regrettant ses loyalles amours,
et à la departie sont les grieves doulours.

A cheval, à cheval pour aller voir ma mie Étude sur la poésie populaire en Normandie et spécialement dans l'Avranchin, par Eugène de Beaurepaire, Paris, 1856, s. 50.
Adieu soulas, tout plaisir et liesse S. Galler hs. 462. Les chāsons 1538 bl. 121[a]. Sensuyuent (Paris) 1535 bl. XCIII[b].
A la claire fontaine Beaurepaire s. 46.
Allons, allons gay, m'amye, ma mignonne Les chāsons 1538 bl. 120[a]. Sensuyuent (Paris) 1535 bl. XCII[a].
Allons, partons, belle Balzac, Chouans chap. 26.
Amour, amour Recueil Paris 1557 bl. 88[a].
A Nante, à Nante quand tu iras nach mündlicher Ueberlieferung in den Dörfern des Cap de la Hogue mitgetheilt von H. Monin.
A qui me doy je retirer Recueil Paris 1557 bl. 39[b]. Recueil Lyon 1567 bl. 80[a]. Recueil Lyon 1571 s. 158. Sommaire Paris 1581 bl. 76[b].
As-tu pas vu ma mie Beaurepaire s. 68.
Beau marinier qui marines Beaurepaire s. 57.
Ce fut la veille d'un dimanche Recueil Lyon 1557 s. 167.
Ce joly moys de may La fleur Paris 1542 bl. 9[a].

Celles qui vont au bois, c'est la fille et la mère Revue des deux mondes 1849, 1 avr. s. 105. Beaurepaire s. 77. Souvestre, les derniers paysans bd. 1, la Fileuse.
Ce sont les filles de Saint-Servan Beaurepaire s. 47.
Ce sont les trois Maries Beaurepaire s. 9.
C'est dedans Paris Recueil Lyon 1571 s. 83.
C'est la belle patissière Le Parnasse Paris 1633 s. 85.
C'est sur le pont de Nantes Beaurepaire s. 54. Vgl. La fill' du roi d'Espagne.
C'est sur le pont de Nantes Beaurepaire s. 59.
Comme j'étais petite Beaurepaire s. 36.
Dans la prison d'Avranches Beaurepaire s. 62.
De bien aymer, je te jure La fleur Tech. G IIII[a].
De Paris à la Rochelle Beaurepaire s. 49.
Depuis trois jours d'icy Tresor Rouen 1606 s. 26. Dernier Tresor Rouen 1614 s. 34. Tresor Lyon 1616 s. 461.
Derrière chez mon père, il est un bois taillis Beaurepaire s. 41.
Derrière chez mon père, Il y a un petit étang Beaurepaire s. 69.
Derrièr' chez mon père, vole, mon cœur, vole Lincy II, s. VIII.
Dieu vous gard, ma mignonne Tresor et triomphe Paris 1624 s. 78.
Enfans, enfans de Lyon S'ensuyuent 8[b]. Les chāsons 1538 bl. 65[a].

Escoutez, je vous prie, d'un compagnon gallois Airs de cour s. 306. Vgl. Il fault que je vous dye.

Escoutez, je vous prie, la chanson de Robin Recueil Lyon 1557 s. 39. Recueil Lyon 1567 bl. 76^b.

Femmes, battez voz amys Sensuyuent (Paris) 1535 bl. LXXV.

Gente fleur de noblesse Sensuyuent (Paris) 1535 bl. XLII^b. Sensuyuent 6^b. La fleur Tech. B III^b. Les chāsons 1538 bl. 63^b.

Il fault que je vous dye Jardin de plaisance bl. LXIII^a. Vgl. Escoutez, je vous prie, d'un compagnon gallois.

J'ai un long voyage à faire Beaurepaire s. 40.

J'ai un long voyage à faire Beaurepaire s. 3.

J'ay faict ung amy d'estrange pays Les chāsons 1538 bl. 17^a. Sensuyuent (Paris) 1535 bl. 7^a.

Je m'en allay à Bagnolet Le Parnasse Paris 1633 s. 59.

Je m'en vois par le monde Recueil Paris 1557 bl. 64^a.

Je m'y levay par un matin La suytte du quatriesme livre, Paris 1560 bl. 6^b (Fortsetzung von Recueil Paris 1557).

Je m'y levay par ung matinet La fleur Tech. F III^b.

Je ne me puis tenir Sensuyuent 3^a. Les chāsons 1538 bl. 63^a. Sensuyuent (Paris) 1535 bl. XXXVI^b.

Je n'eus jamais desir Airs de cour s. 56.

Je ne veux pas de vos soldats Beaurepaire s. 38.

Je ne vis pas, mais je languis Dernier Tresor Rouen 1614 s. 29.

Je voys, je viens, mon cueur s'en volle Les chāsons 1538 bl. 118^b. Sensuyuent (Paris) 1535 bl. XC^b.
La belle s'en va au moulin La fleur Paris 1600 s. 233. Airs de cour s. 449.
La fill' du roi d'Espagne Chamisso V s. 279 (Brief aus Paris an Fouqué vom 18. Juni 1810). Vergleiche C'est sur le pont de Nantes M'y allant promener.
Là haut dans ces bois Tresor Rouen 1606 s. 14. Dernier Tresor Rouen 1614 s. 20. Tresor et triomphe Paris 1624 s. 98.
Langueo d'amours, ma doulce fillette La fleur Tech. H III^a.
La pauvre femme Le Réalisme par Champfleury, Paris 1857 s. 194.
Las, pourquoy m'estes vous si dure Recueil Paris 1557 bl. 32^b. Recueil Lyon 1557 s. 109. Sensuyuent (Paris) 1535 bl. LVII^a (kürzerer Text).
L'autre jour j'y cheminais Beaurepaire s. 52.
Le plus souvent tant il m'ennuye Sensuyuent (Paris) 1535 bl. X^a. Les chāsons 1538 bl. 28^a.
Le roi Loys est sur son pont Gérard de Nerval, les Filles du feu, Paris 1856, s. 48.
Le roy seant en pleine cour Airs de cour s. 40.
Lorsque j'étais petit, petit gas paturiau Beaurepaire s. 44.
Malheur vient apres moy Recueil Paris 1557 bl. 16^a. Recueil Lyon 1557 s. 82. Recueil Lyon 1567 bl. 72^a.

Marguerite, ma doulce amie P. Paris, les manuscrits françois 4, 250.
Marianson, dame jolie Bouchaud, Antiquités poétiques, Paris 1799, s. 277.
Marion est bien malade Recueil Lyon 1557 s. 52. Recueil Lyon 1567 bl. 60^a.
Me levay par un matinet Le Parnasse Paris 1633 s. 133.
Mon ami est venu m'y trouver Beaurepaire s. 41.
Mon père a fait faire trois bateaux sur l'eau Le Parnasse Paris 1633 s. 54.
Mon pere et ma mere La fleur Paris 1600 s. 409. L'eslite Paris s. 61. Airs de cour s. 186.
Mon pere, je vous ay servy Recueil Paris 1557 bl. 51^b. Recueil Lyon 1567 bl. 83^b.
Mon père m'a voulu marier Beaurepaire s. 35.
Mon pere m'envoye Les châsons 1538 bl. 38^a. Sensuyuent (Paris) 1535 bl. XX^b.
Mon pere, mon pere Sensuyuent (Paris) 1535 bl. XXV^a.
Mon pèr' m'a donné un mari Chamisso V s. 281.
Ne sçauroit on trouver Chansons nouvelles Lyon 1553 bl. 19^a. Recueil Paris 1557 bl. 18^a. Recueil Lyon 1557 bl. 91.
Nostre chambriere Sensuyuent 19^a.
Nous estions troys galans Sensuyuent (Paris) 1535 bl. XLV^b. Sensuyuent 10^a. Les châsons 1538 bl. 38^a.
Nous sommes trois cousinettes Beaurepaire s. 30.
On dit qu'à Vaugirard il y a de belles filles Le Parnasse Paris 1633 s. 56.
Oyez par bonne façon Recueil Lyon 1567 bl. 16^b.

Passant melancholie Chansons nouvelles Lyon 1553 bl. 24 ᵃ.
Passez les bois, passez Beaurepaire s. 65.
Puis que j'ay perdu mon amy Recueil Paris 1557 bl. 47 ᵇ. Recueil Lyon 1567 bl. 82 ᵃ.
Quand Jean Renaud de la guerre revint Gérard de Nerval, les Filles du feu, Paris 1856, s. 158.
(Le roi Renaud de la guerre revint) Le Cᵗᵉ de Puymaigre, Chants populaires recueillis dans le pays messin. Metz 1865 s. 1.
Quand j'entris dans Marseille Tresor et triomphe Paris 1624 s. 534.
Quand je partis de ceste ville Recueil Lyon 1557 s. 59. Recueil Lyon 1567 bl. 63 ᵇ.
Quand j'étais chez mon père Beaurepaire s. 64.
Quand ma journée est faite Beaurepaire s. 33.
Rossignolet du bois Recueil Paris 1557 bl. 27 ᵇ. Chansons nouvelles Lyon 1553 bl. 22 ᵃ.
Rossignolet du bois ramé Sensuyuent (Paris) 1535 bl. LXIII ᵃ. Les chāsons 1538 bl. 88 ᵃ.
Si j'avois fait amie à mon vouloir Chansons nouvelles Lyon 1553 bl. 35 ᵇ.
Si j'avois fait demande à mon vouloir Recueil Lyon 1557 s. 101. Recueil Paris 1557 bl. 26 ᵃ. Recueil Lyon 1567 bl. 27 ᵃ.
Sus l'herbe, brunette Sensuyuent (Paris) 1535 bl. XCV ᵇ.
Une jeune fillette Recueil Lyon 1557 s. 68. Recueil Lyon 1567 bl. 68 ᵇ. Le second . . livre Paris 1559 bl. 15 ᵃ. La fleur Paris 1598 E 8 ᵇ (?).

Une lynotte Recueil Paris 1557 bl. 60^b. Recueil Lyon 1557 s. 127.

Un matin près d'un jardinet Beaurepaire s. 67.

Vivray je plus gueres Sensuyuent (Paris) 1535 bl. 8^b. Les chāsons 1538 bl. 17^b.

Voici la Saint-Jean Histoire de l'abbaye royale de Jumiéges, par C.—A. Deshayes. Rouen 1829.

Voici le joli mois de mai nach mündlicher Ueberlieferung in Valence mitgetheilt von H. Monin (städtische Version; vgl. Essais hist. s. Valence, Paris 1831).

Voicy la mort, voicy la mort La fleur (Techener) H II^a. Les chāsons 1538 bl. 141^a.

Voilà la Saint-Jean passée Rev. d. d. mondes, 15 sept. 1847, s. 972.

Voulez ouyr chanson, chansonnette nouvelle Recueil Lyon 1567 bl. 12^a.

Benutzte ältere Drucke,

mit genauerer Titelangabe.

Sensuyuent (Paris) 1535. SEnsuyuent | plusieurs | belles Chansons nouuelles, | auec plusieurs aultres | retirees des anciennes | impressions, comme | pourrez veoir a la | table; en laquel | le sont les pre- | mieres lignes | des Chāsōs | et le fueillet | la ou se cō- | mēcēt les- | dictes chā | sons. | Mil cinq cens XXXV. |
Das Unterstrichene roth. Wolfenbüttel.

Les chāsons 1538. Les chāsons | nouuellemēt assemblees | oultre les anciennes | Impressions. | Holzschnitt. | MDXXXVIII. Auf der Rückseite des Titelblattes: Holzschnitt. | Plusieurs bel | les chāsons nouvelles reueues | . & restitues (so) en leur entier par | Clement Marot de Cahors en ·| quercy valet de chābre du roy. | Il ya table en la fin, par la quelle | vous trouveres les chansons au nom | bre des feulletz.
Oeffentliche königliche Bibliothek in Stuttgart.

La fleur Paris 1542. La fleur de poesie francoyse, recueil joyeulx contenant plusieurs huictains, dixains, quatrains, chansons, et aultres dictez de diuerses matieres mis en notte musicalle par plusieurs autheurs, et reduictz en ce petit liure. 1543. On les vend a Paris en la rue neufue nostre dame a lenseigne de lescu de France, par Alain lotrian. (64 Bl.)

<blockquote>
Die Zahl 1542 in Haupts Notizen ist gewiss richtig; auch der Katalog der von ihm hinterlassenen Bücher — und diese fleur besass er selbst — hat 1542; vorstehender Titel aus Brunet mag der eines Neudrucks sein. *
</blockquote>

Chansons nou- | VELLES COM- | POSEES SUR LES | plaisans chans qu'on chante à pre- sent. | Ensemble des gaillardes verbales : | Auec vn recueil des plus belles | Chansons anciennes nou- uellement cor- | rigees. A LYON. M.D.LIII.
(64 Blätter in Duodez.) In Wolfenbüttel.

Chansons nouvelles Lyon 1553.

LE RECVEIL | DE TOUTES SOR- | TES DE CHANSONS | nouuelles, tant musicalles que ru- | stiques, recueillie des plus belles & plus fascecieu- | ses qu'on a sceu | choisir, | Augmentez de plusieurs belles chansons nouuelles non encore imprimees | iusques a present. | A PARIS, | Chez la veufue Nicolas Buffet, pres le | College de Reims. | 1557. |
(96 Blätter in Duodez.) Stadtbibliothek zu Frankfurt am Main; auch in einer bis Blatt 55 vollständigen Abschrift von Haupts Hand unter seinen Papieren. Dazu drei Anhänge:

Recueil Paris 1557.

LE SECOND, ET | TIERS LIVRE DV RE- | cueil de toutes belles Chan- | sons nouuelles. | Les plus joyeuses & recreatifues qu'on a sceu choisir, Imprimees nou- | uellement. | (Holzschnitt: ein Weib mit einer Blume in der Hand.) | A PARIS, Chez la veufue N. Buffet, pres le | college de | Reims. | 1559.
(47 Blätter in Duodez.)

LE | QUATRIESME | LIVRE DE PLVSIEVRS |

belles Chansons Nouuelles, tant de la | mort du Roy Henry, que d'au- | tres. Non encores Impri- mees iusques à pre sent. , A Paris, | Chez la veufue N. Buffet, pres le Col- | lege de Reims. | 1559.
(16 ungezählte Blätter in Duodez.)

LA SVITTE DV QVA- | TRIESME LIVRE des Chansons. | Ou sont comprinses plusieurs belles | Chansons nouuelles, non en- | cores Imprimées iusques à present. | A PARIS, | Chez la veufue N. Buffet, pres | le College de Reims. | 1560. |
(16 ungezählte Blätter in Duodez).

Recueil Lyon 1557.
RECVEIL | DE PLVSIEVRS | CHANSONS DIVISE en trois parties: en la premiere sont les | chansons musicales: en la seconde les chansons amoureuses & rusti- ques: & en la tierce les | chansons de la | guerre. | Reueu & amplifié de nouueau. | A LYON, | Par Benoist Rigaud, & Jan Saugrain. 1557.
Wiener Hofbibliothek, auch Stadtbibliothek in Frankfurt am Main. Eigenhändige Abschrift Haupts vorhanden.

Recueil Lyon 1567.
. RECVEIL | DE PLVSIEVRS | CHANSONS, TANT | MVSICALES QVE RV- rales, anciennes & modernes. | Augmenté des chansons nouuelles qu'on chante à present. A LYON, | Par Ambroise du Rosne. | 1567.
Königliche Bibliothek zu Berlin.

Recueil Lyon 1571.
LE | RECVEIL | DE PLVSIEVRS | CHANSONS NOVVELLES. AVEC Plusieurs autres Chansons d'amours, plai- santes et recreatiues, qui n'ont iamais esté imprimees iusques à pre- | sent: nouuellement

com- | posees par diuers ǀ Autheurs. | A LYON, M.D.LXXI.

<small>Hof- und Staatsbibliothek in München.</small>

SOMMAIRE | DE TOUS LES RECVEILS | DES CHANSONS, | tant Amoureuses, Rusti- ques que Musicales, com- | prinses en trois Livres. | Adiousté plusieurs Chansons | nouvelles, non encores mis en | lumiere. | LIVRE PREMIER. A PARIS, | Par Nicolas Bonfons, | rue.neuue nostre Dame, à | l'enseigne S. Nicolas. | 1581. | Sommaire Paris 1581.

<small>Oeffentliche königliche Bibliothek in Stuttgart.</small>

La Fleur de toutes les plus belles chansons qui se chantent maintenant en France, tout nouvellement faites et recueillies. Imprimé à Paris 1600. 16°. La fleur Paris 1600.

<small>(In Haupts Besitz gewesen.)</small>

LE | TRESOR DES | CHANSONS A- | MOV-REVSES. | Recueillis des plus excellents | Airs de Court. ET | .Augmentez d'vne infinité de tres-belles Chansons nouuelles. | A ROVEN. | Chez THEODORE RINSAR, Mar- | chant Libraire, demeurant deuant la | porte du .Palais, à l'homme aimé. | 1606. Tresor Rouen 1606.

<small>Königliche Bibliothek in Berlin.</small>

Dazu: SECOND LIVRE 1606.

AIRS DE COUR | COMPRENANS LE TRE-SOR DES TRESORS, LA | fleur des fleurs et eslite des | Chansons amou- | reuses. | Extraictes des œuures non encor cy deuant mises en lumiere, des plus fameux et | renommez Poëtes de ce Airs de cour 1607.

siecle. | A POICTIERS, PAR PIERRE BROSSART. | MDCVII.

(6 Blätter Table und 573 Seiten und zwei Seiten Nachschrift. 12⁰.)

Dernier Tresor Rouen 1614.
LE DERNIER | TRESOR | DES CHANSONS | AMOVREVSES | Recueillis de plus excellents Airs de Court , ET | Augmentez d'vne infinité de tresbelles | Chansons nouuelles, & Musicalles. | A ROVEN. | DE L'IMPRIMERIE, De MARTIN le MESGISSIER | tenant sa boutique au haut des , degrez du Palais. | 1614. |

(Herrn v. Below gehörig.)

Tresor Lyon 1616.
LE | TRESOR DES | CHANSONS | AMOVREVSES | Recueillies des plus excellents Poëtes de nostre temps. | ET | Augmentez d'vne infinité de tresbeaux | Airs nouueaux. A LYON, Par JEAN HVGVETAN. | M.DC.XVI.

(Darmstadt.)

Tresor et triomphe Paris 1624.
LE TRESOR | ET TRIOMPHE | DES PLVS BELLES Chansons et Airs de Cour. | TANT PASTORALES | que Musicales, Propres pour dan- | cer et ioüer sur toutes sortes | d'Instruments. PAR LES SIEVRS DE | S. Amour, & de S. Estienne, qu'autres Beaux Esprits de ce Temps. | A PARIS, | Chez Jean Borné, au bout du Pont-Neuf, | deuant la ruë d'Auphire. M.DC.XXIIII.

(Darmstadt.)

Le Parnasse Paris 1633.
Le Parnasse des muses ou chansons à danser et à boire. Paris, Ch. Hulpeau, 1633. 12⁰.

In Haupts Besitz gewesen; Titel nach Brunet.

L'ESLITE DES CHANSONS PLVS BELLES ET | AMOVREVSES DE | NOSTRE TEMPS. | Recueillies de plusieurs Autheurs, tant | de Paris, Roüen, que de Lyon, & | autres lieux circonuoisins. | Auec une table à la fin, pour facilement trou- uer les chansons que l'on desirera chanter. ¦ A PARIS, Par FLEVRY BOVRRIQVANT, au | mont S. Hilaire, pres le puits Gertain, aux Fleurs Royalles. L'eslite Paris.

In eigenhändiger Abschrift von Haupt.

La fleur des chansons. LEs grans chansons nouuelles | qui sont en nombre Cent et dix, ¦ ou est comprinse la chanson du Roy, ¦ la chanson de Pauie, la chanson que | le roy fist en espaigne, la chanson de Romme, | la chanson des Brunettes et Teremutu, et plusieurs aultres nouuelles chansons, lesquel- ¦ les trouueres par la table ensuyuant. (Fac-simile von Techener, Paris 1833.) La fleur Tech.

In eigenhändiger Abschrift von Haupt.

Le Jardin de plaisance | Et fleur de Rethoricque nouuellement Imprimé a paris. Jardin de plaisance.
(255 Blätter in Folio.)

Collection de Poésies, Romans, Chroniques. Paris, chez Silvestre, 1838. Livr. 3. Sensuyuent (ohne Datum).

www.ingramcontent.com/pod-product-compliance
Lightning Source LLC
Chambersburg PA
CBHW020248170426
43202CB00008B/269